爆款IP

获取1000个铁粉的底层逻辑

吕白 著

机械工业出版社
CHINA MACHINE PRESS

在人人都是自媒体的时代，每个人都需要打造自己的IP。

你是否适合打造属于自己的IP？打造个人IP需要什么步骤？选择什么平台打造个人IP可以事半功倍？

《爆款IP》是系统打造个人IP的指南，详细阐述了从零开始打造个人IP的全部环节，包括如何做好个人定位、如何选择社交平台、如何设置账号、如何打造爆款内容、如何变现等。书中内容均经过了作者以及学员的实践验证，同时辅以丰富的案例，以便读者更好地掌握个人IP的打造方法。

图书在版编目（CIP）数据

爆款 IP：获取 1000 个铁粉的底层逻辑 / 吕白著. —北京：机械工业出版社，2022.10

ISBN 978-7-111-71780-5

Ⅰ.①爆… Ⅱ.①吕… Ⅲ.①网络营销 Ⅳ.①F713.365.2

中国版本图书馆 CIP 数据核字（2022）第 187246 号

机械工业出版社（北京市百万庄大街 22 号　邮政编码 100037）
策划编辑：解文涛　　　　　　　责任编辑：解文涛
责任校对：史静怡　李　婷　　　责任印制：李　昂
北京联兴盛业印刷股份有限公司印刷

2023 年 1 月第 1 版第 1 次印刷
145mm×210mm・7.5 印张・1 插页・124 千字
标准书号：ISBN 978-7-111-71780-5
定价：55.00 元

电话服务　　　　　　　　　　网络服务
客服电话：010-88361066　　　机 工 官 网：www.cmpbook.com
　　　　　010-88379833　　　机 工 官 博：weibo.com/cmp1952
　　　　　010-68326294　　　金 书 网：www.golden-book.com
封底无防伪标均为盗版　　　　机工教育服务网：www.cmpedu.com

自　序

为什么我们需要个人品牌？

我们在一生中会有无数的机会要介绍自己，但其中有95%的机会都被我们白白浪费掉了。

很多时候，你都把自己当成一个"标品"：我是来自××地方/学校/公司的×××。然而，一旦你与某个地方、某个职级画上等号，你就像是一个有天然价格区间的商品，只能拿到市场给你定的价格，你很难成为你自己。

当今时代已不是"酒香不怕巷子深"的时代，如果不够了解自己、不能深入地认识自己，你就不能用一句话介绍清楚自己的优势和特长，从而因此错过很多机会。

错过升职加薪的机会。

刚参加工作时，我非常努力地做好自己的工作，总是加班到很晚，尽可能把领导交代的任务做得面面俱到。没想到我并没有得到领导的青睐，在对员工进行评估时我的位置排在了中等以后，绩效最好的同事是那个PPT做得很好并且和领导走得很近的人，这让我一度以为在职场立足就是靠关系。

直到成为领导后,我才发现一个残酷的真相:在职场中,各方面能力都比较平均的人一般很难被重用。绩效评估一般是这样做的:领导会从能力和潜力两个维度对团队成员进行排序,排在前三名的通常都是在某方面有突出能力的员工,比如PPT做得好、项目管理做得好、擅长做短视频或者擅长写爆款文章。

而那些做了很多事但都没做到顶尖的员工,都不在升职加薪的名单内,因为他们给领导的印象并非"不可或缺",他们只是一个个螺丝钉,这个走了再招一个顶上就行。当初的我就是一头"老黄牛",只知道埋头干活,如果能早些时候理解个人品牌的重要性,也许我现在的成就会更大。

错过获取溢价的机会。

我跳槽相对频繁,但在毕业一年后我从来没有主动准备和投递过简历。当别人还在为简历怎么写才能进入面试环节而烦恼时,不断有机会找上我;当别人还在学习如何进行单面和群面时,总经理、董事长和我见面交流5分钟后就问我什么时候入职;当别人还在纠结涨薪时要提30%还是50%时,公司提前给我预支了年薪。

同样是做内容的人,别人会更愿意相信"吕白"而非无名之辈;同样是工作几年的人,别人会更愿意把管理者的职位交给"吕白"而非在互联网大厂工作过的人。

这一切，都是因为我有个人品牌。

如果你有个人品牌，那你自然拥有溢价的话语权，就可以将自己"卖出"奢侈品的价格；如果你没有个人品牌，那你就只能和其他人拼性价比，谁越划算，谁的胜算就越大。

错过阶层跃迁的机会。

每一个做出个人品牌的人都不甘平庸，他们往往是先走出了一小步，在得到正反馈后通过不断坚持才日益精进。

在人生的前20年，我并没有人生方向，家人一度认为我就是在混日子。机缘巧合之下，我在读大学时接触了新媒体，然后开始练习写微信公众号爆款文章。10万+、100万+的阅读量给我带来自信，于是我将自己定位为爆款文章写作小能手。之后我又出版了自己的书，跳槽到其他公司做了爆款小红书账号和爆款短视频账号。

艾·里斯、杰克·特劳特曾在《定位》一书中写道："为了在容量有限的消费者心智中占据品类，品牌最好的差异化就是成为第一，做品类领导者或开创者，销量遥遥领先；其次是分化品类，做到细分品类的唯一，即细分品类的第一，或是成为品类第一的对立者。"个人品牌定位也是如此，如果你有自己的个人品牌，并且让别人知道你的品牌，那么机会便会向你走来，而你也会在这些机会中不断打造个人最突出的优势和最具有差异化的能力，从而更容易实现阶层跃迁。

小到自我介绍、职场升职加薪，大到自我提升、人生逆袭，个人品牌无处不在，人人都需要个人品牌。

如何才能做好个人品牌？我们可以向巴菲特学习如何打造个人品牌。

在美国历史上，比巴菲特投资回报率高的大有人在，比如西蒙斯。从1988年至2015年，西蒙斯管理的大奖章基金的净年均收益率约为40%，而同期巴菲特的伯克希尔每股账面年化回报率为15.94%。再比如世纪炒股赢家罗伊·纽伯格，他的投资收益率也不错。但为什么他们都没有巴菲特有名？因为他们没有像巴菲特一样做好个人品牌。

巴菲特是如何打造自己的个人品牌的呢？

第一，定位明确，且有通俗易懂的理论。

提起巴菲特，我们首先想到的是"价值投资的大师"，不是"投资"，而是"价值投资"。巴菲特有一套自己的理论，完全自洽，比如"别人恐惧时，我疯狂；别人疯狂时，我恐惧""复利""价值投资""护城河"……这些理论都论证了他的"价值投资"的定位。

同时，巴菲特的投资理念不复杂，正如早年参加过巴菲特午餐的拼多多创始人黄峥评价："巴菲特讲的东西其实特别简单，是我母亲都能听懂的话。"

第二，打造自己的品牌事件。

通过巴菲特天价午餐、巴菲特股东大会这两个标志性的品牌事件，他连接了美国甚至全球很有影响力的一批人（聪明，有钱），让他们为自己的"神"提供依据。他借助这两个品牌事件，搞定了舆论传播中最重要的20%的人。

他们见巴菲特时，会有新闻报道和媒体跟踪，他们也会在自己的媒体账号上发表感想，这些都在无形中扩大了巴菲特在高端圈子中的影响力。

第三，制造金句且加强传播。

大众不关心晦涩的道理，金句是他们能记住且乐于传播的形式之一。

巴菲特虽然出版的图书不多，但有了前两者的加持，加上他讲故事、创作金句的能力，很多媒体都会对他进行采访，再加上其他作者以他为核心写了不少书，这些都在持续地帮他放大个人品牌，让人们记住"巴菲特＝价值投资"。

参照巴菲特打造个人品牌的方法，再来看看我是怎么做的。

第一，定位及理论。

我的定位是：吕白＝爆款。

我的理论是："爆款都是重复的""不自嗨""做内容

要知道自我表达和用户需求的交集""所有平台爆款的底层逻辑都是一致的"。

第二，打造品牌事件。

书是我的护城河，我会出版足够多的书。

因为我长期在营销一线从事实战工作，实战经验很丰富，同时我也长期从事写作工作，因此写书对于我而言是一件投入产出比比较高的事情。

截至目前，我出版的图书包括《从零开始做内容：爆款内容的底层逻辑》《人人都能学会的刷屏文案写作技巧》《人人都能做出爆款短视频》《爆款视频号》《爆款抖音短视频》《爆款小红书》《底层逻辑》等。

第三，加强传播。

我总是把"太阳底下并无新事""爆款都是重复的""赛道×效率=成功""二八定律"等挂在嘴边，强化其传播。

我的百度百科、我的受邀采访、我的日常分享、我出版的图书都在为"吕白=爆款"这个定位服务，让它们影响身边的朋友，再让他们影响别人。

对于如何打造个人品牌，我将会在本书中为你介绍定位、放大、变现三大环节。

定位：了解什么是个人品牌，用定位3问帮你找到差异化能力，告诉你如何结合市场需求确定你的个人品牌定位，让别人知道你是谁。

放大：明确你的品牌形象，从最小的朋友圈做起，打造个人影响力，通过百度百科、新闻采访及各大社交媒体平台放大你的个人品牌，让更多人知道你是谁，认识到你很厉害。

变现：具备个人品牌后，你便可以开始构建你的价值体系，你可以通过咨询、培训、课程、出版等方式让个人品牌变现，让用户认同你很厉害，并且愿意为你付费。

诺贝尔文学奖得主赫尔曼·黑塞曾说过："对于每个人而言，真正的职责只有一个：找到自我。无论他的归宿是诗人还是疯子，是先知还是罪犯——这些其实与他无关，毫不重要。他的职责只是找到自己的命运——而不是他人的命运——然后在心中坚守其一生，全心全意，永不停息。"

我没有见过天才，也没有见过全才，但我见过很多专才，他们终其一生都在寻找自己，围绕个人品牌而努力。

希望你也能成为自己领域的专才。

目 录

自序

第一部分
定位：个人品牌的差异化定位

什么是个人品牌 ··· 002

3个问题定位个人品牌 ··· 008

你被别人夸过什么 ··· 014

别人是否愿意为夸你的点付费 ··· 020

你为什么东西付出最多 ··· 023

市场需求指引个人品牌 ··· 028

第二部分
放大：个人品牌的影响力延展

个人品牌落地：先完成，再求完美 ··· 036

个人品牌的形象：让别人认识你 ··· 043

4种方法确定账号昵称 ··· 048

3个维度打造账号简介 … 050

4种方式制作账号背景图 … 053

统一风格制胜排版 … 055

私域流量：朋友圈营销 … 062

4个层次完成营销 … 065

3个要素+5个步骤组成内容 … 070

4+3+2法则找到素材 … 073

5个互动技巧拉近距离 … 085

朋友圈精选合集 … 092

个人品牌曝光：1+2+3+4+5 … 099

社交平台：用好公域流量 … 107

详解六大社交平台的特点 … 108

3问选取合适平台 … 123

3招制定发展策略 … 128

第三部分
变现：个人品牌的商业价值

商业体系：形成能够变现的闭环 … 152

用户细分：明确目标人群 … 152

引流新用户：提高转化率 … 160

沉淀老用户：增加留存率 … 167

产品设计：痛点、痒点和爽点 … 173

目 录

价格锚定：3招制定价格策略 … 183

大众营销：口碑时代已来临 … 191

利他主义：先给予后求回报 … 193

咨询：个性化定制解决方案 … 195

培训：让时间产生复利效应 … 202

课程：设计付费课程体系 … 210

出版：形成你的护城河 … 213

答　疑 … 219

第一部分

定位：
个人品牌的差异化定位

什么是个人品牌

当我说要写一本关于个人品牌的书时，有一位粉丝给我发私信说："吕白老师，您之前出版的书我全都买了，期待您的新书，虽然我不需要个人品牌，但我一定会买书支持您的！"

我很纳闷地问他："你为什么不需要个人品牌呢？"

过了两分钟，他给我回了一条消息："我就是普通人，也没有什么特长，没法成为像您这样的人。"

因为他的这句话，我思考了整整一周：个人品牌究竟是什么？如何让大家意识到个人品牌的重要性？

很多人都以为个人品牌是多么高大上的东西，殊不知很多成功人士不是先成功再有个人品牌的，而是先打造了个人品牌进而才取得了更大的成功的。

我曾看过一个段子,非常有趣。

男生对女生说:我是最棒的,我保证让你幸福,跟我好吧——这是推销。

男生对女生说:我有3套房子,跟我好,以后都是你的——这是促销。

男生根本不对女生表白,但女生被男生的气质和风度所迷倒——这是营销。

女生不认识男生,但她的所有朋友都对那个男生夸赞不已——这是品牌。

个人品牌就是:你没见过我,但你身边所有的人都知道我,并且向你推荐和介绍我。

我小时候很喜欢读武侠小说,金庸笔下有很多"个人品牌"很牛的人,但你知道"个人品牌"塑造得最成功的是谁吗?

郭靖?张无忌?都不是。郭靖还需要自己出来杀敌,张无忌也是靠主角光环成名的。

我认为是独孤求败。

独孤求败是个人品牌打造的典范。别人都在想着怎样学成武功,怎样成为大侠,怎样能够打得过更厉害的人,提高自己在武林中的地位。而他却一心"求败",走遍天下欲寻一胜己之人,却到死都未能如愿;"独孤"更是拉开了他和其他武林中人的距离,他不追求在武林中的排名,因为他的武功已经高到了无人匹敌的地步,其他人的武功水平跟他相比是非常大的差距了。

再看看金庸是怎么借他人的经历来体现这位江湖奇侠的厉害的:杨过学到了独孤求败剑法的皮毛,一个人就能够抵挡一支军队,位列五绝之一,名为"西狂";令狐冲也学了独孤求败的剑法,都还没学透彻就已经能在他那时的武林跻身武林高手之列。金庸都不用去夸独孤求败有多厉害,我们只需要看那些学了他的武功的皮毛就成为高手的人,就能知道他本人的武功水平有多么深不可测。

因此,独孤求败虽然从未在金庸笔下正式亮相过,但却是一位能够在金庸的《射雕英雄传》《笑傲江湖》与《鹿鼎记》中都出现的传奇人物。没人见过他,大家离他最近的一次也只是看到刻在剑冢上的一段话,都没人能听他亲口说出:"剑魔独孤求败既无敌于天下,乃埋剑于斯。呜呼!群雄束手,长剑空利,不亦悲夫!"抑或是杨过在石洞内看到独孤求败的剑书:"吾纵横江湖三十余载,杀尽仇寇,败尽英雄,天下更无敌手,无可奈何,惟隐居深谷,以雕为友。呜呼,生平求一敌手而不可得,诚寂寥难堪也。"

一个从未出场的神秘人，却被武林人士所熟知，甚至威震武林几百年。大家都在讨论他，都在向身边的人讲述他的传奇故事。

这就是独孤求败的"个人品牌"的力量，"哥不在江湖，但江湖永远有哥的传说"。

个人品牌就是：提到某个领域、某个方面或者某个品类，大家就会想到你；提到你，所有人都会联想到你所代表的某个符号。

让我们来做一个简单的快问快答小游戏，不用想太多，看到下面的问题，说出你第一时间想到的答案：

你知道的抽象派绘画艺术家是谁？请说出一位。

你知道的中国的"魔幻现实主义"作家是谁？请说出一位。

你的答案是不是毕加索、莫言？

抽象派绘画艺术家不只有毕加索，还有康定斯基、蒙德里安等优秀画家，但毕加索在抽象派领域做到了极致，他就更容易被大家记住，从此让"毕加索"不再是一个简单的名字，还能和抽象派艺术大师挂钩。

魔幻现实主义源自20世纪50年代的拉丁美洲，是一个相对小众的文学流派，中国作家莫言在作品《蛙》中体现了魔幻现实主义，并由此获得2012年诺贝尔文学奖，这才将"魔幻现实主义"流派正式推至大众面前,而他本人也和"魔幻现实主义作家"这个定位产生了紧密的联系。

当你在一个领域内做到足够专业、足够优秀,同时还有与众不同的记忆点,能够被大众记住并传播时,当你的名字不仅仅是一个代号,而是能够和某个领域、某个专业、某些内容高度关联时,你就有了个人品牌。

个人品牌就是:你能帮别人解决问题,当他们在向朋友介绍你时会不约而同地提到你的某些特点和标签。你不再是简单的个体,而是在某个领域能解决某些问题的代名词。

我有个朋友是形象顾问,每当我参加某些活动需要形象管理时,我就会想到她,因为她能给我专业的建议;每当我向别人介绍她时,我都会提到她很漂亮,是专业的形象顾问。在我的心里,她与"有审美""会搭配"是画等号的。

同样,"李笑来"可以和"财富自由"画等号。其实,现在很流行的"财富自由"这个概念是李笑来提出来的,在他提出这个概念之前人们讲的都是"财务自由",直到他写了一本书叫作《财富自由之路》,提出了"财富自由"的概念,占住了这个词,并为此努力传播。

再比如,"巴菲特"可以和"股神""价值投资"画等号。无数人在进入股票市场前都会拜读和巴菲特相关的著作,研究巴菲特的投资理念与分析逻辑,甚至还会有大量股民紧跟巴菲特的动态,研究何时买入、何时抛出。大家都相信巴菲特的专业水平,相信他的判断能够为自己带来收益而非亏损,认同他的"价值投资"理念。

无论是我在做自我介绍,还是我的朋友在向别人推介我时,都会提到"吕白=爆款"。这就是我的个人品牌,是我想传达给大家的"个人标签"。久而久之,很多企业和个人来向我付费咨询时都是冲着我的个人品牌来的,他们知道我可以做出爆款内容,希望我帮他们解决内容生产的问题。在大家的心里,"吕白"是和"爆款"画等号的。

个人品牌适用于任何领域和场景,当你需要向一千个、一万个人介绍自己时,无须长篇大论,赘述成就与功名,你可以通过你的品牌"标签",让大家快速认识你,并且自发地向更多人传播你。

20世纪著名的美国艺术家安迪·沃霍尔说过:"在明天,每个人都能成名15分钟。"现在我们已经到了这个"明天"。

3个问题定位个人品牌

兔子是我的合伙人,和我一起写书。

她之前做过很多事情:

曾是互联网大厂 HR,做过简历修改和求职咨询,开过线上音频小班付费教学课程。

做过公益志愿服务,在大学时还参与了公益创业教育。

做了四年微信公众号,做了几年社群,组织过多种线上线下新青年交流活动。

拍过抖音短视频,获得了过亿的播放量,内容涉及副业赚钱、情感、生活。

……

在她的圈子里,她能得到不少夸奖,但她说每次出去要做自我介绍时都不知道要介绍什么。

她说:"我做的事情越多,就越不知道什么才是值得自己说的,自己有很多标签,但感觉哪一个都不能完全代表自己。"

我问她:"如果只能靠一种方式变现,你最想做的是什么?"

她顿了顿，然后告诉我："我想做个人品牌，但是我还没有找到自己的核心竞争力。"

其实，她遇到的问题很常见：

本身为斜杠青年，身份角色和标签多样化，不够明确。

涉及领域广，服务人群、服务目标分散，不够聚焦。

有意识要打造个人品牌，却找不到方向，不懂做减法。

我们往往想要的太多，但太多的背后就意味着没思考清楚到底想要什么。著名建筑师路德维希·密斯·凡·德罗曾说过"少即是多"，这个原则不仅适用于建筑学，也适用于我们的日常生活和个人品牌打造。

只有找出你最有优势、最具差异化的那一点，然后让别人记住，你才能避免"泯然众人矣"的结局。

举个例子，历史上不缺乏才华横溢的人，但能千古留名的，都是有差异化能力的人。

提及写诗词，你会想到谁？诗仙李白，诗圣杜甫，豪放派词人代表辛弃疾，千古第一才女李清照。

诗仙李白是我国历史上最为人熟知的诗人之一，他敢让"贵妃敬酒，力士脱靴"，他的诗雄奇飘逸，既让人觉得豪迈奔放，又飘逸若仙。他一生都在远游，望过庐山瀑布，用"日照香炉生紫烟，遥看瀑布挂前川。飞流直下三千尺，疑是银河落九天"描绘了庐山瀑布的磅礴气势。他结交孟浩然，在黄鹤楼送友时写下"故人西辞黄鹤楼，烟花三月下扬州。孤帆远影碧空尽，唯见长江天际流"。

诗圣杜甫是唐代著名现实主义诗人。为什么是现实主义呢？因为他所处的时代社会动乱，他在官场不得志，又目睹了唐朝统治阶级的奢靡和百姓的疾苦。他心系苍生，胸怀天下，"国破山河在，城春草木深"饱含着对国家兴衰的感慨与对小家的凄苦哀思；他穷困潦倒、年老多病，登高时又写下"无边落木萧萧下，不尽长江滚滚来"；他狂放不羁，豪情万丈，即便自己的屋顶漏雨，长夜漫漫时想的也是"安得广厦千万间，大庇天下寒士俱欢颜"，多么忧国忧民！

辛弃疾是豪放派词人的代表。他能拿笔作诗，也能带兵打仗。他的词以豪放为主，文风豪迈，艺术风格多样。他虽命途多舛、壮志难酬，却始终满腔激情，关切国家和民族命运。他的词字里行间也透露着他的细腻，如"少年不识愁滋味，爱上层楼。爱上层楼，为赋新词强说愁。而今识尽愁滋味，欲说还休。欲说还休，却道天凉好个秋"；还有的词含蓄婉转，如著名的"众里寻他千百度。蓦然回首，那人却在，灯火阑珊处"。

李清照是千古才女。李清照之所以能够成名，不仅因为她的词写得很好，也因为她是那个时代凤毛麟角的女词人。在古代，女性基本上都是相夫教子，不出门，不读书，因此"读书的女性"已经是差异化了，"会读书能作词的女性"更是奠定了她的"个人品牌"的基础。李清照出身书香门第，早期生活悠闲，"知否，知否？应是绿肥红瘦""常记溪亭日暮，沉醉不知归路。兴尽晚回舟，误入藕花深处。争渡，争渡，惊起一滩鸥鹭"等描述的景色非常浪漫、自得其乐；后期境遇孤苦，因此她又写出"莫道不销魂，帘卷西风，人比黄花瘦"。

小时候我读不懂这些诗词，只会死记硬背，现在我才明白，每个能被历史记住的诗人或者词人都有差异化的能力和经历——他们经历过，所以才写得出；他们的诗词有差异化风格，所以才能被记住。这也是为什么，唐朝崇尚诗文著作，却没有人能够超越李白、杜甫，即使是李商隐、杜牧也只能被称为"小李杜"。

因此，个人品牌最重要的一点就是：你有差异化的能力或经历。

这些差异化带来的特点，才能让你的个人品牌无可复制，你就是你。

我花了四年时间才找到"吕白=爆款"这个差异化定位。

起初，我的定位是微信公众号爆款文章写作专家，因为我写的文章阅读量很高。但我后来发现文章写得很好的不是只有我一个人，很多人都能写出阅读量10万+的爆款文章，而且这个领域会持续产出新的爆款文章，在这种情况下，我永远无法成为第一名。

所以，我开始寻找其他的路径。我尝试做了短视频，在把短视频做火之后我又发现，很多人都是"爆款短视频专家"，那我怎么办呢？于是，我做了一个整合：既能写爆款文章，又能做出爆款短视频。有这样定位的人，就不多了。

可我依旧还不够独特，还是有人能够有同样的标签，于是我进行了第三次定位，要做爆款营销。为了这个定位，我去做了内容营销总监，此时，我已经有三个标签了：擅长写微信公众号爆款文章，擅长做爆款短视频，擅长做爆款营销。

接着，我做了最后一步整合，在公司带团队做了不少微博、小红书和抖音的爆款案例，把这些汇聚到一起，我摸索出了"吕白＝爆款"这个定位。我希望能够达到的效果是，只要你想到爆款就会想到"吕白"。

这就是我的定位，未来三五年我会出版更多的书，还会开设相关的课程，我会让"吕白＝爆款"无处不在。

我有个学员名叫许白，是网络作家，他最初的一句话自我介绍是:"我在30天完成了25万字的小说,成了阅文签约作家,我希望能够写出更多更优秀的小说并且能拍成影视剧。"我对他说你的定位过于宽泛,不够聚焦。后来他又想了以下几种定位:许白＝网络作家,许白＝现代都市言情小说作家……结果都被他自己一一推翻了。

后来,我们找了不少细分领域,他结合自己写过的作品,终于找到一个细分定位:许白＝都市重生作家。他说,这个定位读者有需求,自己也擅长写。

定位个人品牌,就是要寻找你的差异化能力,并把差异化能力进行整合,为你所用。

不仅个人品牌如此,企业品牌也是一样。美团创始人王兴最初想创业时,就思考了如何进行差异化竞争。因为当时已经有了腾讯、阿里巴巴这样的大公司了,想要和这样的对手竞争显然胜算不大,所以他想出了一个很好的思路:错位竞争。

王兴通过研究发现,腾讯、阿里巴巴主要是在做高现金流的业务,阿里巴巴做电商,腾讯做游戏,都特别容易赚钱,所以王兴决定另辟蹊径。他不去和这两个巨头直接竞争,而是创办了一家互联网公司,做本地服务。这也是他基于自己的履历与实际情况决定的,于是就有了之后的美团。

我们怎么才能找到个人的差异化能力呢？

我梳理出了三个问题，称之为"定位3问"，我就是通过反复思考这三个问题，从而摸索出了个人品牌打造的路径。

第一，你被别人夸过什么？

第二，别人是否愿意为夸你的点付费？

第三，你为什么东西付出最多？

 你被别人夸过什么

我小时候是一个非常调皮的孩子，经常把我爸气到打我。那时候几乎没人夸我什么，因此，唯一一次被夸的经历，我至今还印象深刻。

在上小学二年级的时候，我写的一篇作文还不错，被语文老师当着全班的面点名表扬，不仅如此，老师还叫了班上成绩最好的同学站在讲台上大声朗读我的作文。

那种幸福感我到现在都还记得：哇，原来被别人夸是这种感觉！

定位第一问：你被别人夸过什么？

希腊德尔斐的阿波罗神殿上刻着这么一句话：认识你自己。

正如哲学家苏格拉底所说：认识自己是人类毕生最重要的任务之一。每个人都有自己的天赋，在探讨个人品牌时，我们需要足够了解自己。

人对自己的认知来源于两个方面：一方面是自己对自己的看法，另一方面是通过别人的反馈来加强对自身的认知。

首先，你需要足够了解自己。

哈佛大学有一门课程叫"幸福的方法"，课程中提到一种认知自我的方法：MPS 模式，M（Meaning）代表"意义"，P（Pleasure）代表"快乐"，S（Strengths）代表"优势"。

对应的思考问题分别是：

意义（Meaning）：什么让我觉得有意义？什么给了我使命感？

快乐（Pleasure）：什么带给我快乐？什么是让我觉得幸福的事情？

优势（Strengths）：我的优势是什么？我做什么事最得心应手？

关于意义，你需要思考什么样的事情可以给你和他人带来更大的效益，可以让你有价值感、获得感。

关于快乐，你需要了解你做什么事情可以产生"爽感"，并且还能给你带来经济收益。

关于优势，你需要清楚你在哪件事上有优势并且可长期持续付出，让优势转化为你可获得收入的职业。

其次，你也可以通过一些测评工具了解自己。

比如 MBTI 职业性格测试。MBTI 职业性格测试常用于职场自我测评，是国际上较为流行的职业人格评估工具。它以瑞士心理学家荣格划分的八种心理类型为基础，加以扩展，形成四个维度——注意力方向（精力来源）、认知方式（搜集信息）、判断方式（决策方式）、生活方式（应对外部世界），从而给出不同人的偏好。

比如霍兰德职业兴趣测试。霍兰德职业兴趣测试是由美国职业指导专家霍兰德设计的测评工具，将人格分为研究型（I）、艺术型（A）、社会型（S）、企业型（E）、传统型（C）、现实型（R）六个维度，并且提出了不同类型人格的共同特征和对应的典型职业参考。

比如 DISC 测评。DISC 测评是国外企业广泛应用的一种人格测验，由 24 组描述个性特质的形容词构成，每组包含四个形容词，这些形容词是根据支配性（D）、影响性（I）、稳定性（S）和服从性（C）四个测量维度以及一些干扰维度来选择的,要求被试者从中选择一个最适合自己和最不适合自己的形容词。

同时,你也需要通过别人的评价来充分认识自己。

为什么要通过别人的评价来认识自己呢?因为我们对自己的认识不是完整的,我们看到的都是自己心里的那部分自己。在认识自己的过程中,我们容易产生认知偏差,从而无法完全准确定位问题和寻找市场需求。当你习惯了某些事情后,你会觉得这些事情是理所应当的,正如当你每天都处在一个"人人都是本科学历"的环境中时,你很难相信中国的本科率还不到5%。

在为形象顾问史小嘴诊断个人品牌时,她对如何在小红书上对个人品牌进行定位陷入了沉思,我问她:"为何不写一下你做空姐的经历呢?"她问:"为什么要写做空姐的经历呢?"

我说:"我记得你曾经在微信公众号上写过自己当了11年的空姐,期间拿了很多奖,后来才辞职转行的。在小红书上,'空姐'的身份很受关注,在大家的印象中,'空姐'就等于'美',等于'有气质'。"

她感到有点震惊,显然她以前没有考虑过这个问题,接着她说出了自己的困惑:"可是我现在已经不是空姐了,我不是很想蹭这个标签。"

这是我们常常陷入的误区,就像我最初进入内容行业时也很想拿掉"月薪 5 万元的新媒体副主编"的标签,兔子最早也很想拿掉"互联网大厂 HR"的标签一样,我们总是想"高傲"地拿掉自己原有的标签,却忽略了原有的标签确实能给我们带来收益和背书。打造个人品牌是一个不断拿到新标签和去除旧标签的过程,如果你不靠大众熟知的标签给自己定位,没有别人的夸奖来帮自己调整定位,那么你就很难明确自身的优势在哪里。

文学巨匠泰戈尔说:"世界上最难的事,就是认识自己。"认识自己的优势时,我们既要避免认知偏差,也要避免自嗨。显然,靠自己的主观判断,我们没办法做到真正全面地看待自己。因此,我们需要从别人的评价中寻找自己的优势。

你可以回忆自己过往的成就。

你可以回忆自己曾经拿过哪些奖,有哪些被人夸过的优势和特长。你可以列出你能想到的所有的点,并在下面写"正"字,看看哪三个点排名最靠前。接着,请思考这三个点是否有交叉。

以我为例,我上小学时写作文被老师夸过,上高中时在 QQ 空间写学校风云人物的说说被疯狂转发,上大学时经常在微信公众号上写出阅读量 10 万 + 的文章,后来我还用同样的方法做出了爆款短视频等内容。我发现别人夸我的点都是：很会写、很能说、很懂得找方法……于是，我研究了自己做内容的底层逻辑，提炼出一些方法论。

你也可以做一次问卷调查。

你可以让你的亲朋好友、同事说出你的优势，当他们说出你的优势时你就可以询问他们是什么事情和表现让你给他们留下了这样的印象。

以我为例，我在回答别人的问题时被夸"直击本质""毫无废话"，在教人写作时被夸"很接地气"，后来我就开设了线上课程和在行平台咨询服务，得来的正反馈全是如此。

如果你被夸过英语很好，那你可以将自己定位为英语教师或者翻译专家。

如果你被夸过领导能力很强，口头表达能力好，那么你可以考虑做领导力、表达力的教练，并开设相关的课程或者开展相关的培训。

如果你找不到别人夸你的具体的点，那么你可以试着扩大范围，想想别人在技能、性格或者品质等方面夸过你什么，然后再将这些点和实际相结合。

如果有人夸你衣服搭配得当，审美好，那么你可以去做穿搭博主或者时尚博主，又或者是职业形象顾问。

如果有人夸你的烘焙做得很棒，"跟你做朋友很有口福"，那么你的定位可以是烘焙课程的老师或烘焙领域的自媒体人。

如果有人夸你声音好听，那么你的定位可以是主持人、播音员、配音员。你可以尝试在喜马拉雅、播客等音频平台寻找配音项目，从副业开始做起，学习如何让声音变得更有感染力。《声临其境》节目就让很多人靠声音出圈，曾经唱着"酸酸甜甜就是我"的甜美女孩张含韵以惊人的配音实力摘掉了稚嫩的标签，靠《冰雪奇缘》《夏洛特烦恼》《后妈茶话会》等配音片段重新让大众认识她，让大众认识到她的声音的魅力。

美国诗人沃尔特·惠特曼曾说："我比我自己所想象的还要巨大、美好，我从没想到我会有这么多的美好品质。"开始思考别人都夸赞过你什么吧！你会发现，你远比自己想象中还要好。

别人是否愿意为夸你的点付费

曾经有一位做职场咨询的朋友和我分享过一件事。

她说："吕白老师，我的粉丝好像没有什么付费意识，他们加我的微信后就问我有没有免费的课程。每次我做免费分享的时候都能看见几个熟悉的身影,一到引流到正式课程的时候他们就销声匿迹了。他们口口声声说很喜欢我,但是他们总是喜欢蹭课。这怎么办啊?"

我说:"这些不愿意为你付费的人,可能只是口头认同你,或者不完全认同你。我的私域流量都是通过书籍筛选出来的,他们都是愿意付费购买我的图书的读者。有了第一次付费,他们才可能为我付费第二次、第三次。别人愿意为夸你的点付费,才是对你最高的认同,如果只是口头说说,你就权当鼓励,听听就好,不要往心里去。"

定位第二问:别人是否愿意为夸你的点付费?

付费是对方对你真正的认可,也是你打造个人品牌的目的之一。

不要自嗨,不要自我感动,你一定要找到别人愿意为你付费的点。

就像我说的,我小学写的作文被表扬了一次,但这个点可以拿来做定位吗?大家显然不会为了一个作文被夸过一次的小学生付费吧?

品牌定位是否准确,在很大程度上决定了是否有人愿意为你付费。你有被夸赞的点,同时有人愿意为夸你的点付费，那才是真的认同你，这个"点"才更适合被考虑作为你的定位方向。

罗振宇最初的定位是知识付费，早期他开通了微信公众号，坚持每天发布60秒的语音，筛选了第一波愿意为他付费的种子用户。在此基础上，2015年，他创办了知识服务平台"得到"，定位是为用户提供"省时间的高效知识服务"的知识付费平台。知乎、喜马拉雅等平台上知识付费的板块内容类别丰富，相比较而言，得到则以专注于职场、商业等垂直类的知识付费内容为精准定位，并在小范围进行试运营，在有了用户买单后才正式推广。

同年，他开始举办跨年演讲《时间的朋友》，目前已连续举办7年。每年演讲罗振宇都会抛出不少金句，仅仅是演讲主题就足够让无数微信公众号运营者写出多篇阅读量10万+的爆款文章，比如2018年的"小趋势"、2019年的"基本盘"、2020年的"长大以后"。只要到年末，几乎所有的新媒体人、互联网人就会聚焦在他的这场跨年直播上，这无疑为他的个人品牌做了加杠杆的传播，用户也心甘情愿为其付费。

从零开始做个人品牌的人想必会有疑问：我怎么才能知道别人是否愿意为我付费呢？

你可以尝试一个小启动：根据你被夸的点，你可以设计一套简单的产品或者服务,在朋友圈或者一些平台、机构上标价发布,比如一对一的咨询业务,或者开设一门9.9元的低价线上课程,以此来检验是否有人愿意为你付费。

这一步有多重要呢?其实这就是在检测你的定位能否成功变现的最小测试闭环。如果在测试过程中一个愿意为你付费的用户都没有,那你就需要重新审视、考量:当前的定位真的适合你打造个人品牌和变现吗?

如果有一个或多个用户愿意为你这套简单的产品或者服务付费,那么恭喜你,这个定位就可以作为你的个人品牌的打造方向,你未来就可以通过不断打磨产品或者服务来实现变现。

 你为什么东西付出最多

我有个学员是奶爸,他感觉自己一事无成,为了不让自己的孩子也像自己一样,他投入了大量的时间和精力来培养孩子。他购买了很多育儿类图书,还报名学习了很多相关的课程。

他问我应该如何打造自己的个人品牌,我没直接回答他，而是先问了他两个问题："你真的一无是处吗？别人一定夸过你什么吧？"他立刻摇头："怎么可能？我家境一般，工作也不好，没人夸我，更别提付费了。"

我接着问他："那你在什么事情上投入的时间和精力最多？"他斩钉截铁地说："当然是培养我的孩子了。"

我说："既然你为培养孩子花费了这么的时间和精力，那你为什么不考虑做和育儿相关的自媒体呢？毕竟你在这方面投入了这么多，大小也算是个专家了。"

他认真思考了我的建议。后来，他告诉我他找到了个人品牌定位：他做了一个育儿经验分享和课程测评类账号，平时给大家分享自己的育儿经验以及对一些育儿课程的测评；同时他还做了一个育儿课程搭配账号，来帮助父母给孩子制定个性化课程，很多课程机构都来找他谈合作。

定位第三问：你为什么东西付出最多？

不管你是找不到别人夸了你什么，还是担心别人不愿意为夸你的点付费，你总会在某些方面投入金钱、时间、精力比较多，至少在这些方面，你是研究过的，你比别人更懂一些，你可以从这些方面来对个人品牌进行定位。

比如现在网上不乏一些技术流美妆博主，他们可以靠一双巧手完成"整容式"化妆。其实他们一开始进入美妆圈子也并不是因为自己长得好看、化妆技术好，相反，他们可能是因为自认为长得不够好看，所以才花钱买化妆品，通过化妆来让自己更美。因为在这方面花的时间和精力比较多，所以他们的化妆技术会慢慢提高，于是他们就开始尝试在网络上分享化妆技术，甚至选择去做一名职业化妆师，也会开设美妆方面的课程。他们就是在自己花费金钱、时间、精力比较多的方面，来打造个人品牌，并持续扩大影响力，从而实现变现的。

再比如抖音IP@阳台哥，他最大的爱好就是收藏动漫手办。他自称从2013年起就开始收藏手办，现在已有几千件收藏品，总花费几百万元。因为收藏的手办数量庞大，他还专门买了一套房子来放这些手办。他的账号有600多万粉丝，经常发布阳台陈列着各种手办的视频。此外，他还开办了手办店铺"小虎模玩"，从平价手办到价格上万元的收藏品，都能在这家店里找到。

如何确定自己为之付出最多的事情？一般来说，列一下你的消费清单就很清楚了。

需要注意的是，这里所说的付出不仅是金钱的付出，还包括时间和精力的付出。时间和精力付出的多少，需要结合你的兴趣爱好来考量。

2019年，通过一个"有多快？5G在日常使用中的真实体验"的爆款视频，B 站 UP 主@**老师好我叫何同学**成功火了起来。何同学当时是北京邮电大学的在校生，他还是数码科技领域的狂热爱好者，资深"果粉"，他做 IP 的原创内容，皆来源于自己的爱好。他把自己花费了大量时间研究的爱好用新奇的切入点与解说方式，制作成视频呈现出来，打造了一个数码科技类自媒体的 IP。何同学目前在 B 站有千万粉丝，在微博有 300 多万粉丝。他在 B 站的认证信息为"2020 年度最佳作品奖 UP 主、哔哩哔哩 2020 百大 UP 主"。2021 年年初，何同学发布了对苹果公司 CEO 蒂姆·库克的专访视频，再一次打造了自己的品牌事件，将话题#何同学采访苹果 CEO#带上热搜，甚至获得了外交部发言人汪文斌的转发支持。

仔细研究一下我们就会发现，很多领域的大 IP 最初只是想分享自己的兴趣爱好，在分享的过程中越来越熟练，越来越专业，吸引了越来越多人的关注，进而把自己的兴趣爱好变成了变现的一个渠道。

毕导是清华大学化工系在读博士，是一个以"并没有什么用"的研究发明火遍全网的男人。他曾在自己的微信公众号中写道："经常会有人在看完我的这些文章之后问我，你整天研究这些乱七八糟的东西有什么用？其实在生活中我特别害怕面对这样一个问题。因为我也同样害怕我在生活中会变成一个要求别人去做有用的事情的人。我觉得本来一件单纯、好玩的事,在你要求它变得有用的时候,那一个瞬间它就变得不好玩了。"

他将生活中一些奇怪的问题和现象,用科学研究的论证方法进行论证,大开脑洞想出令人捧腹的"解决方式"。他研究过"枣和香蕉一起吃是什么味道""怎样科学地喝珍珠奶茶""用招财猫搞定微信步数""微信红包后抢的人拿到的钱多"等生活中的常见现象。他向大众展示了理工男的思维逻辑、研究方法也能应用在生活中,科研生活没有那么枯燥和乏味。

杨振宁说:"成功的真正秘诀是兴趣。"在你最感兴趣、付出时间和精力最多的领域里,你会比没花时间研究的人更了解它。这就是你的优势,即使你的兴趣还没有被人夸赞过,你也没有推出相关产品,没人来为你付费,你也在兴趣所在的垂直方向具有专业度。

你可以尝试把你近几年的时间和精力分配按百分比进行计算,然后选出你付出时间和精力最多,且抱有最大热情与兴趣的方向,将其作为你的个人品牌定位的备选方向。接下来你要考虑的是,这些方向能否在未来成为你的个人品牌的最大卖点。如果可以,那么你就可以将这些方向作为个人品牌的定位,全力发展下去。

市场需求指引个人品牌

AI 君倡导高效阅读，她和我说过打造个人品牌的想法，最初她给自己的定位是"教人提升阅读效率"，并且想要开设相关的课程作为产品。

我说："你确定现在大家都需要提升阅读效率吗？"

她说这是她擅长的点，也是她根据定位 3 问确定下来的发展方向。

我告诉她，结合定位 3 问来确定定位没有问题，不过还需要了解市场需求，通过市场需求来佐证定位方向的正确性，或者对现有定位方向进行修正和调整。"提升阅读效率"的受众群体不够广泛，受众群体的需求不够明确，如果能结合其他需求如赚钱来进行定位会更好。于是她将自身的定位调整为"教人高效阅读理财书籍"。基于此，她尝试开设了一门线上课程，不到 10 分钟就招满了学员。

个人品牌需要时刻紧密贴合市场需求，这样才能更好地变现。定位 3 问可以帮助你梳理个人品牌定位，但打造个人品牌还需要考虑一个关键点：你提供的产品或者服务有没有切实的市场需求？

任正非说过,就算我们能把煤炭洗得白白的,但这对客户没有产生价值。同样,如果我们闭门造车,抛开市场需求,在自己的想象中费时费力地打造产品,结果根本没有用户愿意使用,甚至没有人愿意付费,这一样是没有价值的。

结合市场需求的个人品牌定位更加合理,据此做出的产品或者服务才能让用户更满意。不过在这个过程中,我们还要注意一个问题:我们找到的"需求",是用户真正的需求吗?

不一定。因为用户当下以为的需求,和他们着眼长远发展时的真实需求,很可能是有偏差的。因此在判断市场需求时,找到用户亟待解决的"刚需",是检验个人品牌定位的关键。

李笑来在新东方做讲师时,特别反对教英文写作时拼命地给学生灌输万能句式、通用模板、高分范文等"知识",他认为教学生写作就一定要教行文逻辑与发散思维,所谓的模板和范文只会扼杀学生的想象力。

但他这样的教学方法曾遭到过恶意举报,学生说他不讲例文,只讲逻辑,质疑他的教学质量。于是,他就反思:为什么大家会有这样的评价?

原来,作为老师的他,和学生、家长理解的需求不一致。李笑来认为，学好英文写作的关键在于逻辑和思维，而学生和家长则认为只要背了例文和句式就能拿高分。李笑来当时的教育理念和大众需求并不完全匹配，所以他会收到一些负面评价。

当他意识到要分析大众"自以为"的需求，而非真正的需求时，他选择适应大家的想法，出版了一本书——《TOEFL 高分作文》。在书中，他精心挑选了热门的作文话题，并加入了大量的句式、模板和范文。很快，这本书就畅销了。

李笑来分析这本书畅销的原因在于它迎合了大众"自以为"的需求，这些句式、模板和范文是很多人都需要的，即使他们是为了应试而不是培养相关的写作技能，但这都是大家深信不疑的事。跟着大家想要通过句式、模板和范文拿到高分的需求走，做出来的产品自然销量火爆。

同样，在最早写作图书、制作课程时，我会毫无保留地将我拆解爆款的过程写进去，但是我发现，很多人根本不关心这些，相比理论，他们更想知道拆解爆款之后怎么才能做出爆款，他们需要的是做出爆款的套路。

这是我做了很多咨询案例后才理解的事实：你以为的，可能只是你以为的。你认为大家需要的是理论，是思想，是过程；可大众认为他们需要的是模板，是做法，是结果。

所以，我不能只是强调底层逻辑，我还需要提供行动方法，于是我在《从零开始做内容》一书中尽可能将一些复杂的方法论丢掉，用通俗易懂的语言提供切实可用的实践方法，所以我的书卖得很火，很多人看了也都感同身受。我甚至在书评里看到有人骂我的书："看完了，一点思维和道理都没有，全是套路，写的是什么垃圾！"你看，这些人都要把书看完了才来骂我，如果我写得晦涩难懂，他们大概又要骂我的书一点方法都没有了。

做个人品牌时，一定要对大众需求进行详细的调研与拆解。大家主观意识上的需求，很有可能是因为一件事的迫切程度、达不到某个目标的心理状态而产生的，而非基于必要性、重要性的长远的真实需求。

首先，进行市场调研。你可以去一些论坛或网站搜集用来确定用户需求的信息。同时，你可以在你的私域流量池内做个简单的问卷调查，和熟悉的人聊聊他们对你的个人品牌定位的看法，以及他们是否有相关的需求。这样你就可以对当前定位有更多的了解，也对你的用户和同行有了大概的认知。

其次，基于这些已经收集到的信息，重新思考自身的定位。市场需求可能会佐证你的观点，让你进一步确认你的定位是和市场需求相契合的，有不错的市场前景和较少的竞争对手；也可能会否定你此前的定位，比如用户需求量小、竞争对手众多、市场趋近饱和等现象都可能出现，这时候你要做的就是根据市场需求，对个人品牌定位进行修正或者调整。

下面提供两个问题来核验你的个人品牌的定位是否明晰。

（1）你想要帮用户解决什么问题/你能为用户带来什么价值？

这个问题与定位3问最大的不同之处在于出发点不同，定位3问是从主观角度找"我能做什么"，这个问题是结合市场需求，站在用户角度看"他们从你这里能得到什么"。

（2）你的定位和同行相比有没有差异或优势，或者针对同样的问题，你能够提供更高效、更高性价比的解决方式吗？

只要不是只有你一个人的赛道，想要做出个人品牌，就一定要做到差异化，可能是你比其他人更专业，有更多证书、资历、经验，也可能是你有更加高效的解决办法，能比其他人更快速地解决问题。

李笑来说："你的产品必须要满足消费者的刚需，没有什么比这个更重要了。"他的《TOEFL高分作文》就是满足了大多数人想让自己的英语在短期内考到不错的分数的需求。

我将大众"自以为"的需求称为"伪需求",用来和其真实需求进行区分。想要精准定位个人品牌,打造出有市场的好产品,就需要你洞察用户在"伪需求"之下的真实痛点。所以在打造产品的过程中,我们要避免一个误区:用户需要满足功能 A,所以我就打造对应功能 A 的产品。我们除了要满足用户的"伪需求",更要深入挖掘用户痛点,从而确定用户的真正需求。

比如,在收集到独居老人对于老年手机的视频通话功能、AI 功能等需求时,我们要做的并不只是要在手机上实现这些功能,而是应该挖掘到其更深层次的需求是对于日常陪伴的需求。

再比如说,很多人都在努力考取名校,但大多数人并不清楚自己的需求和规划是什么,在大众的认知里,上名校 = 有一份好的工作 = 挣钱,可现实真是这样吗?不一定。他们的需求是好工作、好前途,所以上名校并不是大众最需要的。

兔子以前在大学做了不少职业咨询,但基本接的都是简历修改服务。她说相比怎么改简历,她更希望可以教人怎么做职业规划和求职面试。可是她发现,大多数人并不关心这些,他们只要求她能帮忙改好简历,然后投递出去。

做个人品牌时,一定要先清楚地意识到,什么是大众自以为的需求,什么是他们真正的需求,将二者结合,你才可能走得更长远,个人品牌才能塑造得更成功。

如果你是心理咨询师,你想教人爱自己,你就得先教人走出当下的困境的办法;

如果你是网络小说作家,你想写出有自己风格的小说,你就得先研究市面上的爆款小说都在写什么;

如果你是形象管理顾问,你想教人如何悦己,寻找穿搭的底层逻辑,你就得先带着她们尝试穿几套衣服,教她们一些形象管理方法,让她们有一些改变。

只有鉴别出大众的两种需求,并进行平衡取舍,你才有可能让你的产品真正融入目标用户的日常工作与生活中,从而满足用户的真正需求并提高用户黏性。

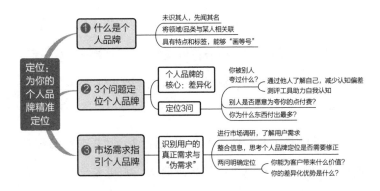

第二部分

放大：
个人品牌的影响力延展

个人品牌落地：先完成，再求完美

定位是个人品牌大楼的基石，如果你已经有了定位，就是做好了从 0 到 1 的准备，接下来就应该走好从 1 到 10，然后是从 10 走到 100。

我身边个人品牌做得很好的朋友，基本上都是从零开始做起的。

以财经作家兰启昌为例，他原本的工作其实与财经完全无关。他研究财经，只是因为刚毕业时月薪不高，生活压力大，于是便开始学习投资。最初，他以为做投资需要很多数学知识，没什么信心，结果学习之后他才发现：其实只要有初中数学基础就足够了。

他打造个人品牌的过程也是逐步进行的。早期，他通过线下一对一的方式帮别人解决问题。后来，他发现一对一效率太低，于是开始写微信公众号文章，变成一对多分享。之后，他又意识到微信公众号文章太过碎片化，所以就决定出版一本书，这样不仅能使自己的知识体系化，还能给读者提供明确的场景和完整的解决方案。在书里，他可以告诉别人怎么买保险、买基金、买房。

其实，个人品牌的打造在于日常的积累，你不必想得太远，只需要做好当下就行，正如罗振宇、秋叶、Scalers等新媒体领域的大咖，他们的个人品牌的成功打造，都是源于多年如一日的持续行动：罗振宇每天推送60秒语音，坚持超过1000期；Scalers连续1000天，每天输出至少一篇文章……他们的坚持，都是以1000天为单位的长期努力！

这让我联想到稻盛和夫说过的一句话：所谓人生，就是"一瞬间、一瞬间持续的积累"，如此而已。

为什么我们迟迟不能迈出第一步呢？

因为绝大多数人会被完美主义困扰。

我认识很多各行各业的专家，当我建议他们去做个人品牌时，却总是得到对方否定的回答："我还不是这个领域的顶尖专家""我不太擅长系统输出观点""我说话没意思，要不还是算了吧"。

其实，这就是某种程度上的完美主义。完美主义通常会有两种表现：首先，对于把事情做到极致有很强的执念；其次，不希望犯错和出现失误，害怕他人的负面评价。

由于期望值过高，担心结果不如预期，进而产生痛苦、厌恶、逃避等情绪，于是人们会有"与其面对不满意的结果，不如一开始就不行动"的想法，这样，我们就很容易进入恶性循环，这在心理学上也叫"习得性无助"。

那么，我们该如何戒掉完美主义导致的拖延症呢？

我今年带团队最大的感悟就是：先完成，再求完美；先发布，再优化。"先完成"这点真的太重要了。为什么我们懂了很多道理，却依然过不好这一生？因为大多数人卡在了执行这一步。

我身边有不少有能力却不怎么成功的人，他们懂得很多理论，可就是想得太多，总在思考如何优化已有的想法和步骤，却从未执行。

打造个人品牌需要从即刻做起，即使你已经学到了所有方法，只要不去做，你就永远不可能成功。《从0到1》的作者彼得·蒂尔曾说：精益是一种方法，而不是目标。因此，我们要先完成从0到1的执行，不断根据别人的反馈去调整，这就是最小闭环，而不是一开始就苛求完美。

因此，不管你在身处哪个领域，最好都别考虑太多，先多输出多尝试，之后再总结优化。

首先，你要找到最适合自己的第一步。如果你不能坚持写长文章，那就拍个20多秒的短视频；如果你不好意思在短视频中出镜，那就试着在朋友圈做个小范围的分享。

其次，你要开始走出这一步。想练习写作，你就翻翻范文，写出第一篇稿子；想做知识付费，你就先低价为别人服务，找到第一批种子用户。

我无论在什么平台做账号，都会用到自己的常规步骤：先将自己擅长的点放大，然后在平台上寻找类似的爆款并详细拆解，之后在爆款的基础上进行优化，先发布几条内容尝试，看看哪个类型的内容能火起来，最后再根据数据来切入细分领域。

也有人问：" 为什么我开始做个人品牌了，但却坚持不下去？"

个人品牌的打造本质上遵循着 S 形增长曲线：

在从 0 到 1 这个阶段，你会遇到很多困难。比如你想好了定位，但是没有人愿意为你的定位付费；你想把服务或产品的价格提高，但是大家认为你的服务或者产品不值这个价钱；你给别人做了咨询服务，或者你开始卖课程之后，大家对你的内容有质疑。

兰启昌老师曾经也很纠结自己的定位，他担心自己不够懂产品，讲营销大众也不感兴趣，所以权衡之下他选择了理财领域。后来他发现，当他和别人分享理财话题时，对方会更开心，更愿意听他讲，也会提出更多问题。于是，他逐渐将个人品牌的定位选在了理财领域。

当你走过从 0 到 1 这个阶段，慢慢地，你会进入个人品牌打造的第二个阶段，也就是从 1 到 10。这时可能会有人来主动找你聊天，或者在提起你时能立即说出你的标签。在这个阶段，你可以开始考虑去做更长期、客单价更高的事情。

兰启昌老师寻找第一批付费用户的过程也充满了曲折：从 2010 年开始，他开始在网上写文章，没什么明确的主题，定位也不够明确，主要是写一些有关个人成长的故事。从 2014 到 2015 年，他推出了第一个产品——"人生黑客"的邮件订阅产品，订阅人每周会收到一封邮件，内容是他推荐的好书或精选文章，以及他的一些人生感悟。当时的定价是 199 元，一共卖出 300 份左右，正是这个非常原始的产品让他第一次感受到：他的用户是有需求的，并且有一定黏性。

最后，你会进入从 10 到 100 的阶段，这个时候你会享受到个人品牌带来的复利。你可以把一份时间卖五次，只要你发布服务或产品，就会有人直接来找你。

其实，在打造个人品牌的过程中你会遇到很多问题，这很正常。你千万不要因为没有收到正向反馈，于是就马上放弃。

也许又有人会问："我就是没有收到正向反馈呀，那该怎么坚持下去呢？"

第一，不断分享，寻找正向反馈。分享并不是什么正式且复杂的事情，分享的门槛其实很低，哪怕每天和家人、朋友口述今天的见闻，也算是分享，把心得感悟发至朋友圈，也算是分享。家人和朋友会对你表示赞同，朋友圈的好友也会给你的朋友圈点赞、评论，这些都是正向反馈，也是你可以主动寻找到的、门槛最低的正向反馈。

第二，建立对个人品牌打造的长期认知。我们在做投资时都知道，要想取得比较大的收益，一般来说必须要等待比较长的时间。基于这个认知，如果某一两个月的投资数据较低迷，你也不会被困扰，因为你知道整个事情发展的规律。正如兰启昌所说，投资的世界里没有一夜暴富，如果追求暴富就很容易返贫。同样，个人品牌的打造也应该秉持长期主义，而不是追求一夜成名。

第三，先成为较小细分领域的头部IP，然后再努力成为较大细分领域的头部IP。在较小的细分领域积累了优势和名声后，你才有资本进入更大的细分领域进行拼杀。罗振宇做自媒体时，先选择自己最擅长的文史哲领域，用讲课来发挥自己最大的优势,并不是直接做百科全书式分享。秋叶早期做自媒体也不成功,后来他不断观察,找到自己最了解的大学生群体,找到了 PPT 这个切入点,之后才一炮而红,逐渐成了 PPT 培训领域的头部 IP。

那么,为什么有些人坚持了很久,结果还是不好?

因为我们想象中的自己,并不是真实的自己。每个人都会对自己有认知偏差,把自己想要成为的样子当成自己的样子,或是把推测的别人应该喜欢的样子当成自己的样子。

做内容八年,这是我曾经走过的弯路,也是我做咨询、带团队时见他人走过最多的弯路。

我的团队里有位文学专业毕业的女生,坚持写作七年,可她来公司实习一个月,工作结果却没达到预期。她向我诉苦,觉得这个结果很"不科学"。她明明想好了主题,也认真梳理了行文逻辑,写的时候引经据典,旁征博引,一边写一边觉得自己正在见证一篇爆款文章的诞生。可现实却给她泼了冷水,文章发布后不仅没有取得她预期的效果,反而连文章数据的平均值都没有达到。

我告诉她:"做内容时一定不要自我感动,不要自嗨。因为你的内容不只是让自己写得开心、做得满足,还需要满足读者的需求,需要读者与你互动,这是做出爆款内容的前提。"

与其让想象告诉我们可能性，不如让现实结果告诉我们答案。

所以，先开始行动起来吧！

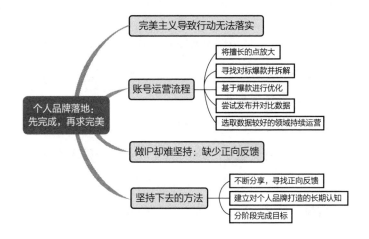

个人品牌的形象：让别人认识你

我身边有很多想打造个人品牌的朋友，但很多都没做成功，他们经常会问我为什么。

我一般会先看他们的个人品牌的定位是什么，然后再看他们的形象和定位是否相符。

之前就有一个朋友想打造个人品牌，他想清楚了定位，但是最后还是没有做成功。我发现他在微博、抖音、快手三个平台用了三个截然不同的昵称，却发着完全一样的内容。还有个问题是，他的视频的风格也不统一，在不同的视频中他的着装风格也大不相同，看起来完全不像同一个人在出镜。

我告诉他："你错的不是定位，而是你没给你的个人品牌做好形象包装。"

首先，名字很重要。

名字需要好记，避免出现生僻字。

做个人品牌，名字一定不能拗口难记。很多人就因为名字中出现了生僻字或者名字拗口而改过名字，比如：

曾斌，原名曾赟，赟和"晕"的发音一样，但是个生僻词，很多人第一时间读不出来，就算读出来了也比较拗口，相比之下，"曾斌"这个名字通顺、易记。

另外，名字还要有记忆点。比如，郭沫若原名郭开贞，他在日本留学时才取了"沫若"这个笔名。因为有两条河流流经郭沫若的家乡：一条是沫水，即大渡河，一条是若水，即雅砻江，郭沫若取此二水作为笔名，是表示他身在异邦、不忘家园的意思，同时也很有记忆点。

为个人品牌取名时还有一点需要注意：**名字要有内涵，学会借助超级 IP 的品牌影响力。**

我最开始写微信公众号文章时，需要给自己起一个笔名。我当时就想谁在写作方面比较厉害,第一个进入我脑海的就是李白。当然还有很多人在写作方面很厉害,比如鲁迅,但相比李白的知名度,可能村口的王阿姨、李伯伯就不知道鲁迅了。

于是,我把自己的笔名定为"吕白",读音和"李白"很相似。在之后运营我的个人品牌包括写文章时,我都会引用李白的一些非常有名的诗句,比如"君不见,黄河之水天上来",又或者"天生我材必有用,千金散尽还复来"。我不只是将李白这个超级IP用在了取名上,我还在打造个人品牌时不断强化大家对"李白在写作方面很厉害,吕白在写作方面也很厉害"的认知。

再举个例子,兔子以前做人力资源,帮在校学生做过简历咨询和求职指导,她还会写文章和做短视频,但是她的名字"兔子"和这些定位、优势完全不相关。而且,叫"兔子"的人太多了。所以,"兔子"这个名字虽然很好记,但是并没有记忆点。

名字就是你的个人品牌的代号,请你一定要给自己取一个好的名字,这个名字应该和你的定位相关,你也可以尝试搭上其他超级IP的顺风车。

其次,除了名字,你还要对自己个人品牌的形象进行加工和包装。

在这里，我将个人品牌的形象设计分为两部分：**外在形象与社交媒体形象**。

外在形象，顾名思义，就是别人看到你时，你所呈现出来的样子，比如服饰、发型、妆容、饰品等，你需要用你的外在形象来强化定位。

有两个方法可以帮你强化自己的外在形象。第一，你的外在形象要和个人品牌定位相契合。如果做职场类的IP，那你对外呈现的形象就可以偏商务一些，正式、得体的服饰与妆容能够彰显你的专业度；如果做时尚类IP，那你的外在形象就可以相对个性化，最好有能够突出个人特点的配色或产品作为形象的一部分。

第二，通过鲜明、独具一格的特点来强化定位留给人的印象。这个特点可能与事实相符，也有可能与大多数的认知相左。总的来说，特点带来记忆点，形象比文字、音频更能够强化对方的记忆，能让别人直观地感受到你的个人IP是什么样子的，你是做什么的。

外在形象可以帮助你强化个人IP，比如抖音的@**林末范**，就总是顶着一头乱糟糟的绿色假发拍视频，他的视频能火起来，绿色假发也出了一份力。再比如@**唐人小哥**，他有50万粉丝的时候我就觉得他能火，现在他已经拥有千万粉丝了。他有个很标志性的动作：哭得很丑的表情，能丑出个性就不仅仅是丑了，这个动作成了他的外在形象的最大亮点——容易被人记住。

我出去讲课时很喜欢穿一件白色的 LV 外套，我想要给用户传达"白色 = 吕白""LV 很贵 = 吕白很贵"这样的潜台词。我最近还做了一把扇子，扇子上题的字是"吕白 = 爆款"。我在通过这些外在形象，不断强化和重复我的个人品牌定位。因为我的笔名里有一个"白"字，所以我出去培训的着装、我出版的书籍的封面，都会尽量选择白色，借此不断强化大众对我的个人品牌的记忆。

在互联网时代，社交媒体形象的涵盖面更广，也更重要，因为很多人不是见过你这个人后才知道你的个人品牌，而是在互联网上看到你的个人品牌之后，才会认识你。

我将社交媒体形象的打造称为"号设化"，就是把社交媒体账号的昵称、头像、简介等，根据发布的内容做出相应的修改，主要有以下几个方面的内容。

（1）账号头像。你可以拍一组专业照片作为头像，且在各个平台的头像最好能够统一，这样只要有人看到你的头像就知道这是你。

（2）账号昵称。账号昵称可以和你的个人品牌的名字一样，也可以不一样。

（3）账号简介。账号简介可以体现你在做个人品牌时获得的一些成就和荣誉，你可以通过这些成就来提升个人品牌的专业度、知名度与可信度，配合背景图、个人头像等来打造一个立体的社交媒体形象。

（4）账号背景图。账号的背景图应该是你的个人品牌及个人成就的一些浓缩集合，能够让他人在想要了解你的时候，第一时间看到你想传递的最直接有效的信息，帮助大家建立和巩固对你的个人品牌的第一印象。

（5）账号排版。统一的账号排版会让用户对你的个人品牌的认知更清楚。

接下来，我主要从账号昵称、账号简介、账号背景图和账号排版几个方面来告诉大家如何打造个人品牌的社交媒体形象，强化个人品牌。

4 种方法确定账号昵称

社交媒体账号的昵称不一定只能用个人品牌的名称，还可以基于你的个人品牌名称进行创作，比如添加你所在的领域、你的职业、账号内容等。

举个例子,大家都知道秋叶大叔,这就是他的个人品牌的名称,可他的账号有"秋叶大叔PPT""秋叶Excel"等多个不同的昵称,因为每个账号的定位不一定涵盖其个人品牌的全部内容,所以账号的昵称就可以根据发布内容的领域进行调整,这样既能让受众看出"是什么品牌",也能让受众了解到"这个品牌在做什么"。

我总结了四种方法,帮助大家为账号取名。

借助知名品牌命名:这种方法的核心在于"借势"。如果你的公司或者团队已经具有一定的知名度或者影响力,那你可以借用现有的IP来为自己的平台账号取名,可以按照"公司/团队+昵称"来命名,比如"鹅厂程序小哥""网易槽值"。

借助差异化能力命名:这种方法即"差异化能力+昵称"。

如果你从事新媒体写作,擅长写爆款文章,那么就可以取名为"爆款写手×××"或"爆款文案制造机×××";如果你从事网络工程工作,擅长编程或者算法优化,那么就可以取名为"代码工程师×××"或"程序猿×××"。

借助业务特点命名:相比借助差异化能力命名,借助业务特点来命名的方式更侧重账号的内容方向。比如"整理规划师""职业生涯规划师""形象管理顾问",就是在体现能力的基础上,通过职位或头衔来彰显账号的专业度。

借助行业标签命名:账号带有明显的行业标签,可以直观地告诉他人你的品牌定位大领域,如"旅游""书法""咨询""心理学"等领域词汇,结构可参考"领域+昵称"。

3 个维度打造账号简介

账号简介一般是用户在关注到你的账号昵称与头像后,对账号本身产生兴趣,想要进一步了解时首选查看的内容。用户想要在账号简介中看到账号的领域("你是做什么的"),账号在领域内的专业度("你在你的领域里有多厉害"),以及账号提供的产品("你能够为我带来什么")。因此在这里需要用精练的语言体现出账号的"三个维度"——领域、专业度、产品。

这里我们以秋叶大叔为例,来分析一下他在各个平台的账号的简介,先来看视频号简介。

从上图可以看出，这是一个非常标准的账号简介，按照账号简介的三个维度来拆解就是：秋叶大叔从事的领域是教育行业，他在教育领域内有多专业呢？围绕学习、内容、个人成长等多个方面，他出版过 8 本书，并且还创立了自己的品牌。他的产品也在简介有所体现：视频号课程、直播训练营、新书共读活动等，用户通过这个账号能够了解到一些好书和好课，也能提升自己的认知。

他在其他平台的简介也各有亮点，如抖音号@**秋叶大叔**，就直接亮明身份"秋叶 PPT 创始人"，用户通过这个账号能得到的服务就是他推荐的书。

他在知乎上的账号@**秋叶**，通过"武汉工程大学副教授"的头衔，展示了他在教育领域的专业度，非常适合知乎的用户调性。

微信公众号@**秋叶大叔**则增加了数据佐证：全网付费学员 100 万+，个人品牌 IP 营学员 3000+。他在简介中通过数据来直观说明其个人品牌的影响力和传播力有多强。

4 种方式制作账号背景图

账号背景图也是辅助头像,通过画面来强化用户对你的定位认知。需要设置背景图的一般是朋友圈、抖音、微博、小红书,知乎、微信公众号和视频号则不需要此步骤。

背景图主要有以下几种。

作品图:出版过图书或有实体作品的 IP 比较适合放一些自己作品的照片,比如@张萌的背景图就是她在为自己的作品签名的图片。

与定位相关的文字或口号图:旨在强化账号与 IP 的定位,简单上口,直接明了即可。

比如我的朋友圈背景图。

比如@**飞橙生意经**的抖音账号背景图。

个人照+账号亮点：真人出镜的账号比较适合采用这种方式，既有本人形象，又有账号定位，能够帮助用户在脑海中将人物与定位建立更深的联系，比如@**所长林超**的抖音账号背景图。

工作场景照：适用于业务主要为培训、咨询、授课的IP，可以放一些工作中的照片或线下授课的照片做背景，如@骆骆整理说的抖音账号背景图。

统一风格制胜排版

账号大体的感觉有了，就要开始从细节上进行优化了。接下来我要说的是我们的每条内容呈现出来的感觉是怎样的，也就是内容的排版和剪辑。

我们要明确一件事：你运营账号时发布的每条内容，甚至是内容中的某个细节，都在时刻体现你的品牌定位。因为人的大脑是具有信息过滤功能的，如果定位信息在用户面前曝光度不够，就很可能会被用户无意识地过滤掉。

因此，无论你是做图文内容还是视频内容，都要在细节上下点功夫。

比如对于微信公众号来说,没有背景图,简介还很隐蔽,大批用户主要还是在看图文推送的,这时候就要在内容排版上加点"小心机"了。比如,给每篇文章都加上精心设计的头图和尾图,既能用作账号介绍,也能够吸引关注,增加互动。

微信公众号@**张萌萌姐**的排版就非常用心和到位,在一篇推文中你能看到多次对 IP 和账号的强调。

文章开头就是账号的推荐,强调了关注"张萌萌姐"这个微信公众号能够给用户带来什么好处,并且引导关注;下面紧接着是张萌的个人名片,既有名字、身份和头衔,又有个人形象照,能够快速让用户掌握核心信息,吸引大家继续阅读,同时还方便用户了解和记忆品牌定位。

正文依旧在突出账号的存在：数字序号都使用带有自己品牌名或品牌标识的样式。用户每多看一段文字，账号定位的出现次数就增加一次。这样下来，单单是文章内容部分增加账号曝光的次数就不下三次。

01 one

再到文章末尾，更是做了周密的安排。

先是放了微信公众号的链接，再次引导用户关注账号；下面紧跟详细版的个人介绍，写明张萌具体都有哪些成就，出版过哪些作品，首图和尾图相呼应。

由此可见，仅仅是在一篇推文中，账号"张萌萌姐"就曝光多次。仔细想想，是只出现一次的信息容易被过滤，还是出现多次的信息容易被过滤呢？

我们再来说说小红书。小红书的内容在账号上会以"田"字的形式呈现出来,所有的笔记应该都有统一的风格,这样才不至于看起来很凌乱,让人难以寻找到有效信息,从而产生反感情绪。

也就是说,对于小红书的内容而言,图文和视频的封面尽量都统一风格,不同的账号可以在字体、配图上有所区别,在整体上统一即可。想要确定或优化账号的封面排版,可以参考一下同领域内的高赞内容或知名博主,总结其共性并选择适合自己账号的风格,比如下面的几个图。

笔记　收藏

为什么你总是做错决定？
傻白呀　♡ 406

如何快速选择靠谱对象？
傻白呀　♡ 384

今天聊聊怎么学好英语
傻白呀　♡ 4928

今天傻白分享一条指导我多年的做事法则
傻白呀　♡ 3180

今天咱们来看看巴菲特怎么赚钱的
傻白呀　♡ 393

雪峰老师到底是不是被迫离开北京的？

最后说一下视频类内容的排版和剪辑。视频与图文不同，要满足用户在视觉和听觉方面更高的要求。可能一篇文章不读一两段还很难看出是不是自己熟悉的文风，但自成一派的排版和剪辑风格能够快速让粉丝识别出来。

比如抖音号@叮叮冷知识，其在所有作品中都使用固定的开头、讲述方式以及结尾来进行剪辑,给粉丝营造了一种熟悉感。

这样的话,熟悉这个账号的人能在刷到某条视频的两秒内判断出,这是他们关注的博主,可能会发布他们感兴趣的内容。

心理学上有一个视网膜效应,是说当我们拥有一件东西或一项特征时,我们就会比平常人更容易注意到别人是否跟我们一样也拥有这件东西或者具备这种特征。

打造社交媒体形象,就是要让你的目标用户时刻都能在网络上看到你。

当你开始知道"吕白"时,你会发现在很多地方都会看到"吕白"。

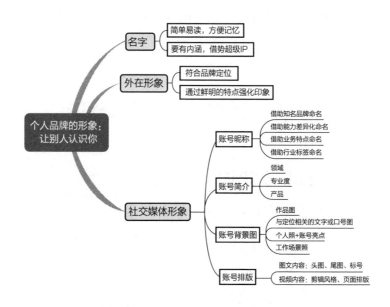

私域流量:朋友圈营销

有学员曾让我指导她如何做好社交媒体账号,我说:"很抱歉,我至今还不知道你的定位到底是什么。"她说自己做的是心理咨询,但我打开她的朋友圈,看到她设置的背景图是某个男明星,近几条朋友圈的内容都和追星相关,我摇了摇头,对她说:"说实话,你的定位更像是追星粉丝后援会成员。"

她略带结巴地问:"那我要怎么发朋友圈才是对的?"

她的这种问题并不少见。许多人来找我咨询,希望能做好个人品牌时,我都会先问他们为什么要做个人品牌,90%的人都回答说想赚更多钱。于是我又问他们赚钱最重要的一步是什么,又有90%的人会回答我:引流呗,在小红书、抖音、微信公众号这些平台多做爆款,多涨粉,流量自然就来了。

事实上,我们很容易忽视门槛很低但重要性很高的流量池:朋友圈。

如果你想打造个人品牌,我真诚地建议一定要先从朋友圈开始营销自己。

90%的人对流量的理解就是:流量=微信公众号的粉丝量,流量=抖音账号的粉丝量。其实,来自这些平台的流量可以统称为公域流量。顾名思义,公域流量是大家共享的流量,不能长期沉淀在企业和个人端,往往是一次性流量。

举个例子,如果你在抖音有10万粉丝,那就意味着你有10万公域流量。但是这些粉丝真的就属于你吗?并不是。他们今天可以被平台分配过来看你的视频,明天就可以取关你,去关注其他更有意思的人。

如果这 10 万粉丝里有 1 万人加了你的微信,那他们就变成了你的私域流量。你可以直接和他们聊天,介绍你的产品和服务,你还可以像朋友一样给他们的朋友圈点赞、评论,这时他们才和你有了真正的联系。

来自公域的粉丝,与我们只是"围观""观看"的单向关系,这种关系的连接感非常弱。因此,他们也很难和我们达成交易。

那么,私域流量的本质究竟是什么?不是数据,而是真实用户,是一个个鲜活的人。首先,个人品牌能不能变现,取决于你是否有足够多喜欢和信任你的好友。当好友和好友的好友成为你的用户时,你就能通过为他们提供有价值的产品或服务实现变现。其次,我们能满足他们的许多需求、能长期为他们提供产品或者服务,而不是一次性交易。

我的门徒计划已经实施了两年,其中有不少人在加我为好友后,先听了一门课,之后才升级为门徒;还有一部分新门徒是由老门徒介绍过来。因为这些人沉淀在我的私域流量池,所以我为他们提供的服务是多元的、长期的。

在讲具体方法前,我希望告诉大家朋友圈运营的底层逻辑:我们在朋友圈卖的不是产品,而是自己。我们自己才是最好的产品,因此我们需要用产品思维去打造自己、打造对外的朋友圈。

很多人以为，只有微商才需要经营朋友圈，但其实并不是。如果你想打造个人品牌，那么朋友圈的经营是第一步，微信好友才是我们最好的种子用户。

 4 个层次完成营销

在我的微信好友中，有不少人会推销自己的产品或者服务，但我还是爱看他们的朋友圈。他们就算一天发五六条朋友圈，我也不嫌烦。同时，看他们的朋友圈，我还会慢慢形成对他们的认知：许白是网络作家，他爱发布自己的读书笔记，一直在坚持写小说；CiCi 是美术老师，她爱发布学生的作品，很喜欢和学生打成一片；为为是整理规划师，她喜欢发布服务客户的照片和心得，甚至在酒店度假时都能把房间收拾得井井有条……

我对他们的认知，并不是他们告诉我的，而是我通过他们的朋友圈得出来的。于是，当我的房间乱了，当我的生活状态糟糕了，我会第一时间想到为为，因为在我的印象里，为为已经服务过不少高端客户，大家都夸她细心靠谱又认真，不仅能解决收纳问题，还能帮一家人整理内心，绝对物超所值。

与之相对的,有些人却天天在朋友圈刷屏发广告,还总是群发信息。很快,我就选择了屏蔽或删除这些人,因为我对他们的印象特别差,我认为他们不仅对我没有帮助,还会降低我的朋友圈的含金量。

我们在经营朋友圈时要避免陷入下面的两个误区。

误区1：经营朋友圈需要群发+刷屏

心理学上有个现象叫沉锚效应,指的是人们在做决策时,思维往往会被已有的第一印象左右,就像沉入海底的锚一样,把你的思维固定在某处。你在朋友圈里展现出来的形象,就是起到了"锚"的作用。

为什么有的人能通过朋友圈营销迅速建立起个人品牌并实现变现,而有的人看似发的内容差不多,实际上却没有任何效果呢？这就是因为前者掌握了朋友圈的底层逻辑,而后者却没有。

有些人喜欢一天发十几条朋友圈,大大小小的事都要发,或者发的全都是用户转账截图、吹嘘产品有多好的内容,这样容易适得其反,因为过度的"王婆卖瓜,自卖自夸"只会让人质疑你是在做营销,当你给人的印象是过度做营销、喜欢打扰别人时,用户自然就不愿意和你成交。

如果你给人的印象是专业、靠谱、正能量，当人们需要某个产品或服务时，便会立即想到你。

误区2：只做私域流量不做公域流量

也许有人会问："那我干脆只做私域流量就好了，为什么还要做公域流量呢？"这也是一个思维误区，做好私域流量并不是只守着现有的流量就可以了，而是需要源源不断地引入新的流量。

公域流量和私域流量是相辅相成的，有了引流之后，我们要深耕用户，做好互动和引导。

我们要不断地将公域流量导入私域流量池，然后长时间培养用户对我们的认知，让用户对我们的产品或者服务产生兴趣。对于用户来说，我们既是专家又是好友。

朋友圈营销的4个层次

我的朋友圈中有很多微商，而同样是做微商，他们做出了四个不同的层次。

第一个层次的定位是"我在卖我代理的产品"，第二个层次的定位是"我在卖我认可的优质产品"，第三个层次的定位是"我是长年购买并使用这类产品的专家，我能帮助大家快速找到最适合自己的产品",第四个层次的定位是"通过卖产品,连接更多对美好生活有渴望的人,帮助他们成长,和他们一起实现人生价值。"

虽然微商这个职业颇有争议,但这四个层次的定位的差距确实是显而易见的。无论是做微商,还是打造个人品牌,我们都要尽可能向第四个层次的人学习。那么这四个层次到底有什么区别呢?下面我来简单分析一下。

第一个层次:卖产品。我之前加了好几个卖化妆品的微商为好友,他们每天至少在朋友圈发10条产品广告,并且声称某某品牌的产品效果特别好。然而,这些信息在我看来全都是硬推销,既没有真实体验,也没有提供我真正关心的信息。并且,我只要一点开朋友圈就会看见他们的刷屏广告,导致我很难看到其他好友的朋友圈。后来,为了避免频繁刷到低价值信息,我选择了直接屏蔽他们。直接卖产品的人就像是没感情的销售员,不对等的关系很难让客户产生成交意愿。

第二个层次:卖人设。如果你能呈现自己的生活状态和个人体验,别人就会觉得你值得信赖。我的合伙人兔子曾在10天内帮老家的乡亲销售了1万多斤脐橙。但和传统的微商不一样,她很少在朋友圈直接发产品广告,而是经常分享自己的务农感受以及在果园干活的照片和视频。因此，朋友们相信她确实在用心挑选好脐橙，并且想要帮助乡亲们致富。于是，大家都很愿意为踏实细心、善良的兔子买单，甚至会给她介绍更多客户。当你展示真实的自我时，你就很容易跟潜在客户拉近距离，并和他们成为关系平等的朋友。现在，很多微商已经在朝真实人设的方向走，我们打造个人品牌更需要学习。

第三个层次：卖专业。如果你能证明自己是某个领域的专家，能为别人提供价值，别人就会觉得你很有用，舍不得删除你这个好友。我的朋友圈里有一位家庭资产规划师，虽然我和他不太熟，但他总是分享自己帮客户解决问题的思考，并附上整理好的干货。久而久之，我越来越相信他在理财方面很专业，更重要的是，他看起来非常懂客户。当好友开始欣赏你、崇拜你时，你的个人品牌的打造就成功了一半。

更何况，专业不一定意味着门槛高。除了本职工作，你也完全可以在兴趣爱好上体现出自己的专业。我的朋友圈有一位很专业的吃货，当我需要在北京请客时，我总会向他咨询。我相信他在美食方面的专业度，因为他能详细地告诉我挑选的依据。他对本地餐厅了如指掌，知道各区域所有知名的餐厅，能说出这些餐厅分别有哪些菜系、是什么档次和价位、有哪些特色菜和服务，甚至能说出美食背后的风土人情和历史文化，不得不让我敬佩。

第四个层次：卖价值观。如果你能够输出自己的价值观，别人愿意为你而改变，他们就会被你持续影响。我的课程的定价比市面上同类课程的定价要高得多，但我觉得这个定价非常合理，因为我的时间很稀缺，而我希望我投入的时间成本能够使对方的收益最大化。高定价有助于我筛选更合适的人，同时购买力相同的人在一起才能形成更有凝聚力的圈子。大家在卖产品或者卖服务之前，一定要先改变自己的认知。你不要推销，而是要找到你能创造价值、影响别人的那个点，把它作为你的使命。比如我就真心希望我分享的干货能帮助别人更好地理解爆款、做出爆款，渴望连接更多有野心的、想摆脱平庸人生的人，帮助他们成功打造个人品牌。

3 个要素 +5 个步骤组成内容

张一鸣曾在创业初期时发布过这样一条微博：把公司当成产品一样去打造。

其实，运营朋友圈也需要有产品思维，请把朋友圈当成一个爆款产品去运营。那么，好的产品应该考虑什么呢？第一是定位：我们要做什么产品？第二是受众：产品打算卖给谁？第三是卖点：产品最大的特色是什么，为什么用户要买你的产品而不是别人的产品？

朋友圈的3个要素

定位：让用户一眼就能看出你的标签，比如你的职业是什么、你的性格特点是什么、你在做什么产品或服务。

受众：你需要找到你的精准粉丝，他们是有可能和你成交的人。有些人每天都和粉丝互动，但是就是没成交，为什么呢？因为他的粉丝不是精准粉丝，对他提供的产品或者服务没有需求。

卖点：人无我有，人有我精。我们可以选择给别人提供他们需要的东西，或者把别人本来已有的东西做出花样和特色。你的文案、配图、视频等一切对外展示的东西，都会综合起来，形成你的朋友圈的卖点。很多人的朋友圈不值钱，是因为其卖点不突出、不独特：他的朋友圈有的，别人的朋友圈都有；别人的朋友圈有的，他的朋友圈却没有。

运营朋友圈的 5 个步骤

当你用做产品的思维经营你的朋友圈时,你就一定要提升产品品质,也就是你的朋友圈的质量。你可以把朋友圈这个大产品拆解为许多个小类目,真正值钱的朋友圈需要用心打造,每一条文案、每一张配图、每一条视频、每一句评论其实都是你的产品的一部分,都需要花很多时间和精力去经营。

下面,我为大家梳理了运营朋友圈的 5 个步骤。

(1)确定个人定位,围绕定位进行内容板块策划,初步建立他人对你的认知。

(2)持续输出,打造真实人设,多考虑用户需求,为用户创造价值。

(3)适当发软广告,介绍自己的产品和服务。

(4)通过点赞、评论、私聊等互动方式,促成转化和成交。

(5)通过回访和追加服务,进一步提升用户好感度,培养忠实粉丝。

在做好个人定位之后,你就应该制定详细的内容方案。

(1)内容应该划分成几个板块,每个板块的素材来源是什么,该如何找到资料?

(2）如何选择发朋友圈的频率以及哪个发送时间段最容易引流？

(3）文案如何写才能让别人愿意看下去？配图如何拍效果才更好？

(4）如何通过数据分析来追踪效果，从而找到大家最爱看的内容并持续输出？

(5）如何策划朋友圈内容的评论点和争议点？

朋友圈的运营也需要从0到1开始做，先落地，然后根据好友的反馈去调整方向，进而摸索出最适合自己的内容。

4 +3 +2 法则找到素材

我的学员为为是一名整理规划师，她上课非常认真，几乎每天都会在群里分享感悟，以下是某天她在群里分享的内容。

老师在讲定位时，问了我一个问题："你为什么付费最多？"

最近我把近两年学过的课程，以及零零碎碎记录的一些感受和灵感汇总了一下，发现竟然有3万多字，而且大部分内容都是关于通过整理物品的手段，来认识自己、找回自己，跟我之前的定位——家居收纳，有很大的差距。

同时，我对生活的意义有了全新的认识，我好像弄明白了哲学三问：我是谁？我从哪里来？我要到哪里去？

真的太神奇了！这些让我意识到做减法的重要性，其实我们真正想要的东西，我们的定位，不在遥远的别处，就在我们已经拥有的东西里或者我们已经走过的路程中。

就像大卫，他原本就已经在石头里，不过是把多余的东西去掉，你就看得见他了。

我把自己整理衣服的过程罗列了一下，深刻地感受到在物品与人之间，藏着一个真正的自己。

尤其是我占有了某些物品，但是这些物品对我来说却没用，这背后都是有原因的，一层一层去拨开，我就发现了问题的本质。

她在群里的分享很打动我和其他学员。上完课后，她问我怎么做好朋友圈的营销。

我说："你在群里分享的内容就挺不错的，为什么不发朋友圈呢？"她很惊讶地问："这么私人化的东西也可以发朋友圈吗？可是这和带货有什么关系呢？"

我说："虽然我们在做个人品牌，但不能每一条朋友圈都是硬广告，都和带货强相关。事实上，比硬广告更打动人心的，是与我们自己有关且能为他人提供价值的软广告。"

为了帮助大家更好地理解如何做好朋友圈营销，我总结出了一套"4+3+2"朋友圈内容发布法则。

4：4类和自己有关的内容，分别是工作业绩、实用干货、观点感悟、生活照片。我们需要通过"自夸"，告诉别人自己非常专业；我们是个真实的人，有自己的观点和感悟；我们做事很用心……

3：3类和别人有关的内容，分别是奖项认证、客户反馈、社交圈子。除了"自夸"，我们也需要用"他夸"来告诉别人，其他人也认为我们非常专业。

2：2类广告，分别是实物广告和虚拟广告。这一步是为了卖出我们自己的产品或服务，告诉用户你可以和我一样变得专业。

4 类和自己有关的内容

以我为例，我的定位是"吕白=爆款"。因此，我发朋友圈的核心是展示自己在新媒体领域的专业度。另外，我还会在此基础上拓展职场、理财、认知升级等方面的内容。

我的朋友圈的内容主要集中在工作业绩、实用干货、观点感悟等方面，偶尔分享一些生活照片或视频。

在工作业绩方面，我经常发我带领团队做出的爆款数据，证明"吕白做爆款确实是很有成效的"。

吕白 White
新号，一周涨了快1万视频号粉丝😁

2021年3月15日 下午7:47

在实用干货方面，我经常结合我阅读的书籍进行输出。我读关于巴菲特的书，会提炼书中的重要思想，还会结合个人经历来思考巴菲特的价值投资。更重要的是，我还会把他和个人品牌策略结合起来，从巴菲特身上找到可以学习和借鉴的地方。

吕白 White

最近看到一个老教授说,各位不要再神化巴菲特了,他的收益率如果去掉一些收益仅仅只有12%,远不及另外一个人,这个人叫"西蒙斯"。然而可笑的是这个人的名字,大众从未知道,或者只有极少数人才听过,但巴菲特却人尽皆知。
那怎么跟巴菲特学做个人品牌呢?

2021年3月20日 下午1:09 锤子便签

在观点感悟方面,我经常谈我个人的工作和生活经历。例如,在 2021 年,我对"花钱"这方面的认知有了巨大突破。通过几十万元的花销,我终于明白了酒店常旅客计划的好处。于是我会讲自己如何通过在万豪酒店和希尔顿酒店开办高级会员卡,来达到"一份钱花五次"的目的。

这类内容除了单纯抒发感悟,也可以间接说明我的身份,提升自己的社交形象。

吕白 White
最近的体会：不止1份时间能卖5次，1份钱也可以花5次。
1份时间能卖5次靠录音笔，1份钱能花5次靠积分和常旅客。

下午3:03 锤子便签

  同时，这更是为我出版投资理财方面的图书做铺垫。如何花更少的钱体验更好的服务，这是所有人的必修课，也是我自己感触极深的问题。从朋友圈开始突破，可以提前让别人知道我在新媒体以外其他领域的专业度。

  在生活照片或视频方面，我经常分享我养的宠物猫，偶尔也会分享自己健身、出差、住宿的体验。

  这类介绍自己的"软内容"，不一定会直接带来客户转化，但却能潜移默化地植入自身人设，长期占领客户心智。你需要保持自己在潜在客户的朋友圈的曝光率，通过多角度、多维度的呈现来丰富自己的人设。

吕白 White
是亲的没错了
刚回家
就黏过来了

2021年4月19日 00:54

吕白 White
要开始了

北京市·北京宝格丽酒店
2021年4月30日 下午8:37

　　还有一种最简单的方法，你不一定要自己从零开始写一篇干货文章，你可以转发一篇有含金量的干货文章，附带自己的读后感，来体现你的思考。

兔子君
"只有心态越平稳，才能扎根越牢，才能够有魄力有想象力去做更难企及的事情。"

张一鸣：平常心做非常事 | 字节跳动9周年演讲全文

2021年3月31日 下午2:11 删除

> 兔子君
> 认知升级,第一次看到极度想转的文章
>
> 天下大势,何其复杂;即便如此,也能简化到最关键的点,即关键人的关键认知。
>
> 而认知的本质就是做决定。人和人一旦产生认知差别,就会做出完全不一样的决定。
>
> 而这些决定,就是你和这些人最大的区别。你拥有的资源、兵力,都不重要,核心是你脑海里的大图和你认知的能力。
>
> 管理的本质是认知管理。
>
> 猎豹CEO傅盛:所谓成长就是认知升级
>
> 2021年2月10日 上午8:31 删除

3 类和别人有关的内容

也许有人会说,努力展示自己不就好了,为什么还要发和别人有关的内容呢?

我最近发现一个很有意思的现象:很多人在淘宝、京东、拼多多这些电商平台上买东西之前都会先看评论区,而不是先看商品详情。

大家这样做,一方面是担心"卖家秀"和"买家秀"不相符,需要在评论区寻找其他用户的真实反馈;另一方面也反映了用户在决定是否要购买商品时,对评价的关注度接近对产品本身的关注度。

在经济学中,我们经常用"羊群效应"来描述个体的从众心理。人多的餐厅一定更好吃、更实惠，销量高的产品一定性价比更高、质量更有保障，总是被人夸的人一定更专业、更值得信赖。

朋友圈的展示同样也要利用好从众心理。你反复进行自我营销，别人不一定相信；但如果你把客户、同事、朋友对你的正面评价展示出来，那就是在为你自己的个人品牌搭建"评论区"。从众心理更容易使消费者产生信任感，认为"别人都那么信任他，那我信任他一定也没什么问题"。

同样以我为例。我除了直接分享自己的工作业绩，还会分享付费用户给我的反馈、我获得的奖项认证和企业、机构的认定及我受到权威企业和机构的邀请、我的社交。

在付费用户反馈方面，不少人会在课程结束后，发来自己复盘的思维导图或笔记。另外，有些人通过向我学习，取得了各种各样的成就。比如我有个学员，他学会我做爆款内容的逻辑后，在小红书三周涨了1万粉丝。这些都可以在朋友圈截图分享。

职场导师木沐也很擅长分享用户反馈，她经常会在朋友圈中分享学员常见的困惑和观点，引导用户关注她的课程。

木沐丨《能力突围》作者 吕白门徒
【最近要给领导做汇报，无从下手，老师的课来得太及时了……】

有些人不知道要获得领导认同，很重要的一个动作就是要会做汇报，会写领导认可的ppt……

通过一份优质的汇报文件，展示你的业绩，你的价值，这样才会被领导喜欢……

学员说参加我的课，对自己如何做好一份报告深受启发，课程来得很及时……真的很开心，可以这么落地而务实地帮助每一个学员

#木沐成长学院 #自我营销力训练营

2021年4月7日 下午5:30

在奖项认证和企业、机构的认定方面，我会分享自己入选"当当影响力作家"，也会分享自己受邀成为视频号生态产业联盟委员会委员。

 吕白 White
感谢认同。

杭州市 · 杭州湘湖景区

2021年4月17日 15:57

此外，如果我受到各大企业和机构的邀请，参加课程录制、培训、峰会活动，我也会分享。用户都有推崇权威的心理，当他们看见权威企业和机构的认定时，就会认可我的专业度，比我直接说我专业更有效果。

吕白 White
之前录的音频节目今天上线了。
感谢央广和非常青年研究所的邀请和认同。

2021年4月2日 下午2:05

兔子也经常在朋友圈分享"受到了×××的邀请，进行了一场××主题的分享"等内容，以此扩散自己的影响力。

兔子君
感谢老师推荐和邀请，今天给海洋大学等高校同学直播简单分享了自己的成长路径以及打造个人品牌的思维，熟悉的慕课形式，收获了别样的感受和思考，开心，感恩🖤

2021年4月29日 下午9:13 删除

在社交方面，我会直接展示我和 G20 优秀青年领袖们的聚会。

吕白 White
G20北京聚会

北京市 · 北京三里屯CHAO

2021年3月13日 22:33

我也会展示和之前的领导、同事的交流,尤其是与专业有关的交流。

 吕白 White
感谢Neo老师赠书。认识一年多,Neo老师于我而言,亦师亦友。
每次一起聊天谈到一些想法的时候,他总能找出经典著作里的内核,帮我把想法完善得更有深度。
帮我搭建一个更完整的体系。
如果你正在从事内容工作,那这本书你一定不能错过。

2021年4月28日 11:33

 吕白 White　2021年4月28日 11:36
https://item.m.jd.com/product/ .html

 吕白 White　2021年4月28日 11:42
地址

 吕白 White　2021年4月28日 11:47
张宁老师,知乎战略副总裁,学贯中西,具有国际化视野,理论和实践结合得非常好的人,当年去知乎就是张老师招的我。推荐阅读

2 类广告

实物广告：当你要卖某款实物产品时，你就可以在朋友圈发起一些活动，比如转发抽奖、转发优惠、今日购买享折扣等活动。

虚拟广告：如果你要卖自己提供的服务，要怎么做呢？有两点很关键：用限额招生来表示稀缺性，用马上要开课、马上要结束报名来表示紧急性，告诉大家欲购从速。

另外，你还可以通过一些特别的方式，如颁发奖状、证书，邀请其成为××合伙人，邀请其加入××私董会，创建有一定门槛的圈子，让这些人主动为你打广告。

正如乔纳·伯杰在《疯传：让你的产品、思想、行为像病毒一样入侵》一书中讲道：通过有效地调动人们向他人炫耀的欲望，那些顾客会愿意为你做任何事情，这当然也包括免费口碑传播，从而让你的产品和思想迅速传播。

5 个互动技巧拉近距离

这几年，很多作家出版的新书都在微信读书上架了，但他们中的大多数人并没有和读者互动。而我不仅会去点评自己的书，还会给很多发表书评的读者点赞，这让很多读者感到非常惊喜。正是这个小小的互动行为，让很多人忍不住通过书中提供的联系方式来加我的微信，从而和我进一步沟通。

而我也是尽可能像对待朋友一样对待我的读者粉丝，经常给他们的朋友圈点赞、评论，在私聊的过程中帮他们答疑解惑，通过这些互动与大家慢慢建立信任，从而让不少人主动转化为我的客户。

真诚互动正是我们和陌生人拉近关系的神器！

技巧一：点赞

在翻看朋友圈时，我一定会尽可能给好友点赞，尤其当别人分享实用干货和观点感悟的时候。很多人会因为我点赞而顺便到我的朋友圈看看。

这样一来，当我在朋友圈发了有价值、有特点的内容，别人就会给我回馈更多的赞。只有主动与别人互动，才会有更多的人愿意跟你互动。

技巧二：评论

当学员在我的指导下做出了自己的课程，或者分享自己

在新媒体方面的业绩时,我一定会简单地夸赞几句,比如:

你们的课程做得很用心!

这个感悟很有意思!

和上个月比,你又进步了!

点赞成本低,但收获也小,评论却能给对方带来更深的触动。

另外,我还会适当提问。因为这不仅表明我认真地看了对方的内容,还能带动更多的后续互动。比如有好友分享美食照片,我就会顺便问一句:"这是哪家餐厅?我也想去尝尝!"

当然,不管是评论别人,还是回复别人的评论,我都会尽量让互动进行下去。如果只回复一个表情或几个字,对话很快就结束了。

技巧三:@相关好友

为了让重要的内容产生更好的互动效果,我偶尔会@相关好友。这样,对方就会感觉自己是特殊的,对我的好感和关注也会增加。

我会在以下几种场景下@相关好友:

(1)发行业信息类的朋友圈时,我会提醒行业内相关的重要人物看。比如,我要去参加视频号峰会,发朋友圈时，我会提醒其他嘉宾查看。

（2）发认知干货类的朋友圈时，我会提醒对该类干货感兴趣的人看。比如，当我发现一本特别好的书时，我会提醒做读书拆书的学员查看。

（3）发和事件相关的朋友圈时，比如论坛合影、课程合影，我会提醒合影中的朋友查看，这样很快就能让新朋友变得更加熟悉。

技巧四：群发互动

之前在当当网参加影响力作家评选活动时，我就会群发消息给自己拉票。其实这个举动的目的并不是真的要拉票，而是为了让更多人知道我的成就，让我变得更有影响力。

同时，群发的这一步也能帮助我筛选出我的忠实粉丝，以便后续有更进一步的互动。

技巧五：一对一互动

一对一互动又累又麻烦，但也容易得到陌生人的关注，能够和对方建立深度联系。

当我看到别人在内容方面有疑惑时，我往往会私聊他，提出一些解决方案；当别人表达了相对严肃的观点时，我有时也会私聊对方。一般来说，我主要就以下两类内容进行一对一互动。

（1）发布者的生活状态发生重大改变。

当发布者晒出自己的生活状态发生了重大改变时，比如升职加薪、恋爱结婚、健身成功等，我都会和他们简单地展开对话，问问他们近况如何。对于日常的生活状态，比如出去旅游、参加活动，我都不会花太多时间去关注。

（2）发布者输出含金量高的干货或者感悟。

假如发布者分享了实用干货或者认知感悟，那他们一定希望得到同频交流和观点碰撞。为了整理出这些高含金量内容，他们要么是经过了深度思考，要么是经过了阅历沉淀。因此，我会先在评论区回复一两句话，简单地提出自己的观点，等对方回复后再一对一私聊，展开有深度的对话。

下面，我为你总结了朋友圈运营的核心要点。

个人品牌定位

（1）品牌名称——定位是从品牌命名开始，你需要认真对待。

（2）品牌标签——给自己贴上一个标签，告诉别人你是谁，你擅长做什么。

（3）品牌形象——要树立一个个性鲜明的人设，人们会因为你的个性和性格而喜欢你。

（4）品牌主张——人们喜欢跟那些与自己的价值观一致的人在一起。

具体形象设置

（1）微信昵称——建议使用自己的真实姓名或者笔名作为微信昵称，给人真实可信感，接地气。

（2）个性签名——个性签名可以写你的愿景或者理念，也可以说明你是做什么的。

（3）个人头像——建议以自己的照片作为头像。

（4）统一形象——运营多个账号时应尽量使用统一昵称和统一文案。

（5）塑造人设——塑造一个真实、专业、有趣、有料的专家形象。

朋友圈运营

（1）更新——每天更新3到5条朋友圈内容。

（2）回复——回复好友的评论。

（3）点赞——点赞好友的朋友圈内容。

（4）评论——适当评论他人的朋友圈内容。

朋友圈个人形象

（1）真实——你很真诚，展示真实形象，赢得客户信任。

（2）有趣——你很有趣，人们喜欢有趣的人，也喜欢有趣的事物。

（3）有料——你很专业，经验丰富，你分享的内容很有价值。

（4）有用——你卖的产品或者提供的服务效果很好，已经帮助了很多人。

（5）建立信任关系——向他人展示真实的个人形象、专业的产品知识、良好的服务态度。

朋友圈文案

4类和自己有关的内容：工作业绩、实用干货、观点感悟、生活照片或视频。

（1）工作业绩——分享在工作中取得的好业绩、被领导同行夸赞的话。

（2）实用干货——分享产品知识、经验心得、对客户有用的资讯和知识。

（3）观点感悟——分享真实的故事和心得，以及在工作过程中的领悟。

（4）生活照片或视频——展示个人技艺或特长，让大家知道你是一个真实的人。

3类和别人有关的内容：奖项认证、客户反馈、社交圈子。

（1）奖项认证——自己上的专业课程、机构发放的证书、评定奖项。

（2）客户反馈——客户反馈好评截图，客户成交截图，客户问题和解决案例。

（3）社交圈子——和名人大咖一起参加活动。

2 类广告。

（1）实物广告——货物实拍、快递单实拍等。

（2）虚拟广告——社群火爆的截图、课程海报、推送链接等。

朋友圈精选合集

在 2021 年春节时，我精选了 2020 年的朋友圈内容，写了一条推送文章《内容从业者在 2020 年的 56 条朋友圈记录》，下面，我摘选其中 10 条，希望能帮你更好地理解如何围绕个人品牌经营你的朋友圈。

自己夸自己：数据和干货

1. 发布爆款内容的数据，用"500 万"和"1000 万"

证明是爆款

2020年1月17日

做了一个新号,发了两条视频:

第一条500万播放量,第二条1000万播放量

还是得深耕内容!

2. 发布自己总结的底层逻辑和认知,在分享干货的过程中也在告诉别人我的成长速度比普通人快

2020年2月12日

每日干货:讲一件"恐怖"的事,我的1年等于大部分人的5年。不写免费的文章了,没动力。看看真正有价值的东西吧。

我认为我做得比较好的一点是,我没有去追求表面的时间利用率,我提高的是未来我所有时间的产出。我的一天等于别人的5天,我的1年等于别人的5年。

什么意思呢?就是让你做的所有的事都互有关系,让A事件成为B事件的基础,B事件又会为C事件提供背书,然后$A+B+C=D$,D反哺A、B、C。

很多人都知道赚钱分3个档次。

(1) 把一份时间卖出去一次,比如工资、单次咨询的报酬。

（2）把一份时间卖出去很多次，比如写书、做课程、写文章。

（3）买卖其他人的时间，比如当老板。

绝大部分人发不了财其实就是因为他们只把自己的时间卖出去了一次。他们不止把工作和生活分得很清楚，把工作和副业分得清楚，还把不同的工作分得很清楚。

我的策略就是：

我把我在生活、工作中攻克难关时沉淀下来的方法以单次付费咨询的方式卖出去，将付费咨询中沉淀下来的案例和解决方案变成线下课程，将线下课程中积累的案例再变成文章的素材，将文章变成书籍和线上的知识付费课程，个人品牌提升后再反哺其中的任意一个环节。

我的底层逻辑就是：

如果一份时间不能被卖 5 次，那么这件事我就不去做。

我的每一份时间都最少被卖了 5 次，我的 1 年相当于别人的 5 年。

3. 发布对爆款的认知，反复强调"爆款是重复的"，尽可能让别人想到"爆款"就会想到"吕白"

2020 年 2 月 13 日

一个感悟：

想做出爆款最核心的其实就是一点：相信爆款是重复

的，且身体力行地去做。多么真诚朴素的底层逻辑……

4. 发布和"写作"有关的数据，证明我在做内容、写作图书方面取得了不错的成就

2020年7月22日

我的写作课上市快2年了，有38.4万人次收听，应该是国内卖得最好的写作课。

我的写作书上市也快1年了，加印了6次，数次断货，当当网上有7000多条评论，小红书、豆瓣、B站上好评不断。

记录此刻，我也算在逝去的文字时代里留下了一些东西，我也确实靠写作改变了命运。

5. 发布和财富相关的认知干货

2020年12月17日

最近总结的一些思维。

也算前段时间走弯路的一些经验。

理清思路，慢慢变富。

别人夸自己：分享背书、学员反馈、奖项

1. 发布获得胡润U30奖项的内容，代表被认可

2020年11月5日

恭喜小吕获得 2020 年胡润 Under30s 创业领袖。

一路走来,感谢各位的支持和帮助。

2. 发布在付费社群进行分享的内容,通过各大知名企业高管的认可来彰显分享的质量

2020 年 11 月 20 日

昨晚受老谭的邀请,和几位群友聊了聊自己对于内容、对于品牌的认知,反馈超乎预期的好,没想到能对这么多前辈有启发。

最后感谢十几位来自东软、听伴、民生电商、保险极客、京东、新浪微博、世纪互联、环球购物、趣头条等企业高管的认同和支持。

3. 发布和培训相关的内容

2020 年 11 月 29 日

感谢良辉老师的邀请,周末来给他们的会员开一个写作的私房课。

4. 发布出版社奖项证书,证明"吕白在写作这件事上成绩不错"

2021 年 1 月 26 日

感谢中信出版集团,《人人都能学会的刷屏文案写作技

巧》出版一年半，重印 7 次。

从新书变成了畅销书。

5. 发布 G20 奖项证书，用"遇到熟人"暗示自己也进了不少高质量圈子

2021 年 1 月 30 日

感谢 G20 认可。

顺便说一下：每次加入一个组织，都发现里面有好多熟人。

第二部分 放大：个人品牌的影响力延展

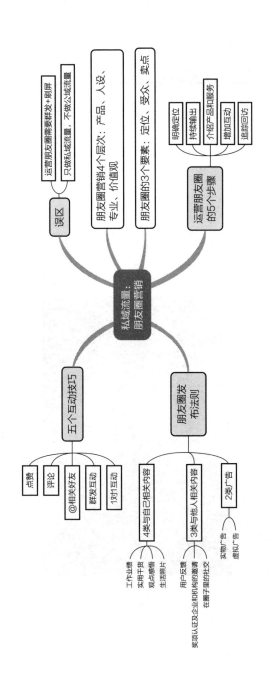

个人品牌曝光：1 +2 +3 +4 +5

一个学员曾经问我："老师，我清楚运营好朋友圈的重要性。可如果我想在更大的流量池中增加曝光度呢，就只能靠玩转各大社交媒体平台吗？那岂不是在我把账号做起来之前，这一切都是空谈？"

"当然不是。"我说，"除了各大社交媒体平台的账号，你还可以利用多种方式来'曝光'自己，提高知名度。比如说你可以先给自己做个百度百科，这就是个人品牌的一份'公开简历'，想要了解你的人都能在网上查阅信息，而不是除了朋友圈以外，你和你的个人品牌就'查无此人'。"

"我什么成就都没有，也可以做百度百科吗？"他追问。

毋庸置疑，答案是肯定的。百度百科不是一成不变的，不是有了名气再去搞的。你要不断优化这些曝光渠道中的信息，来使自己成名。

运营好私域流量固然重要，但个人品牌在大众视野中的曝光度同样不可或缺。我将自己的个人品牌曝光过程总结成了一套方法：1个百度百科，2本书，3个综艺节目，4个荣誉，5篇新闻报道。

1个百度百科

百度百科是打造个人品牌不可忽视的渠道，建立自己的百度百科，就是建立了一份对外的"简历"。相对于其他平台的简介，百度百科中可呈现的内容更全面、更丰富，除了一些已有的奖项和成就外，还可以写一些个人生平或者和个人品牌相关的事迹，让更多还没有见过你的人能够更了解你，更了解你的个人品牌。

以我举例，在百度百科中，我的形象不仅能"高大上"，也能"接地气"。

在百度百科中，你可以重点突出以下几个方面的内容：个人介绍、作品简介、生平事迹、荣誉称号。

人物经历

吕白,出生于山东省,中国人民大学社会学硕士[3]。

2017年主导或参与的《曾帮我打架的兄弟现在和我不再联系》、《偷看你朋友圈这件事要被微信拆穿了》等多篇文章被《人民日报》、共青团中央、新华社、《中国日报》等官媒转发[3]。

主导"一起App"发起万人恋爱盲测实验,成为公务员考题[3]。其制作的知识付费课程"手把手教你学写作"获得31万人次学习。[4]

2018年,加入腾讯公司,先后担任腾讯yoo视频赛道直播公关、腾讯微视情感、汽车品类负责人[3],后加入知乎担任内容营销总监。

2019年与长江文艺出版社合作出版《30岁前你还有多少成功的机会》[7],上市前两周连续取得当当新书总榜第1名、励志榜第1名的好成绩,中文繁体版输出到中国台湾地区。[5] 与中信出版社合作出版《人人都能学会的刷屏文案写作技巧》[6] 取得京东新书榜第1名,亚洲好书榜第2名。[4] 同年担任皇包车旅行首席内容官。

2020年与机械工业出版社合作出版《人人都能做出爆款短视频》[8],同年任清华经管X-elerator创新观察员。[2]

2020年11月5日,获得"2020胡润Under30s创业领袖"荣誉。[1]

个人作品

《人人都能学会的刷屏文案写作技巧》[6]《30岁前你还有多少成功的机会》[7]《人人都能做出爆款短视频》[8]

综艺节目

播出时间	节目名称	简介
2019-11-11	《一站到底》	获得《一站到底》冠军

获奖记录

荣誉称号
· 2020-11-5 2020胡润Under30s创业领袖 (获奖)

每个方面的内容又有不同的侧重点。

(1)个人介绍。个人介绍类似平台账号简介,可以对你的基本信息进行呈现,比如名字、出生年月、出生地、职业或身份、代表作品、主要成就等。

(2)作品简介。作品简介包括但不限于文字著作、视频作品,是对简介中的职业的进一步说明,如果作品获得了相关荣誉,也可一并标明。作品简介一般按照时间顺序来呈现，这样会使条理更加清晰。

（3）生平事迹。生平事迹可以丰富人物形象，让你整个人"活"起来。事迹的描述更加侧重叙事，在讲述事件后也会提及与事件相关的成就。这部分内容与荣誉称号不同的地方在于，你可以在这里描述你的成长路径，以及在成长中取得的一些小的、阶段性的成绩。

（4）荣誉称号。荣誉称号是展现专业度的内容板块，包括学历、所获奖项、榜单排名、技能证书、专业资格等。

值得注意的是，百度百科不是一成不变的，而是像简历一样，需要随着阅历的增长而不断更新，用一些更有分量的内容去替换之前的旧内容。如果你在行业内是个新手，尚未获得什么名号，那么你可以先简单搭建你的百度百科框架，日后不断补充完善；如果你在行业内是个大咖，那么在你刚入行时的一些小事就不必在这里呈现出来，尤其是荣誉称号部分，我将它们统称为你的"头衔"。

让自己的知名度提高的过程，其实就是不断拿新头衔替换旧头衔的过程。

2 本书

除百度百科外，还有一些能够为你带来源源不断的曝光的方式,成本较低的方式就是出版图书。我总是反复和学员强调,图书是性价比最高的获客渠道之一,你需要付出的,就是打磨出一本好书的时间和精力,只要你的书一经出版,就能长期为你带来收益。李笑来都曾言,自己十几年前出版的图书,到现在每年还有不少人购买。花一份时间出版图书,却在接下来几年甚至十几年为你带来曝光与新客户,何乐而不为?

在20岁的时候,我只是梦想出版一本书,现在已经能做到在一年内出版三四本书。这些书不仅是为我持续带来新粉丝的渠道,更是自我介绍时的重点内容。我会在自我介绍中加上一段:吕白,《从零开始做内容》《人人都能学会的刷屏文案写作技巧》《人人都能做出爆款短视频》等书的作者。

3个综艺节目

还有一个容易被忽视的方式:上综艺节目。我参加了《一站到底》这档综艺节目,并有幸获得了冠军,于是我又给自己加上了一个新的头衔:《一站到底》冠军。再比如北大才女刘媛媛,在《超级演说家》第二季中凭借出色的表现夺冠,这档综艺节目成为她进入大众视野的强有力的跳板,她的履历中便会有一个"《超级演说家》第二季总冠军"的头衔。

4 个荣誉

渐渐地,我发觉原有的头衔已经不能给我带来更多的价值,于是开始寻找机会来获取新的头衔,比如参加领域内的评选活动,比如"上榜"。2020 年,我申请了胡润 U30 青年领袖,并在当年 11 月收到了参评成功的消息;2021 年年初,我申请 G20 菁英计划,最后也成功成了该计划的成员之一。这些内容都被实时更新到我的百度百科中,这就是荣誉和称号能够带给我的助力与价值。

至于专业领域的榜单,不仅可以放大你的影响力,更是对你的专业度的认可。2021 年,我参加了"当当第七届影响力作家评选"活动,在初评阶段我创建了一个微信群,被邀请进群的都是我的潜在付费用户,在平时他们的成交意向就比较高。我会把活动信息发到群里,让大家了解,同时我也会发朋友圈告诉好友们"小吕暂居分榜第一,希望大家多多支持",并且我还用工作号把活动信息群发给读者粉丝。等到大众评选的最后一天,我又群发了一次,还邀请了一些学员、组织为我扩散信息,最终我有幸进入榜单前 10 名。

在整个过程中,我是在让人帮我投票吗?不是的,投票与否是其次,更关键的是我要借助这个机会让读者粉丝们看到我的影响力,让大家知道吕白正在参加当当网官方组织的评选且拿了还不错的名次,所以我要在评选的初期阶段和最后一天不断宣发,让用户知道吕白的"成绩"还不错。这就在无形之中扩大了我的影响力,也为我的百度百科内容增加了一个新的头衔。

5 篇新闻报道

当然,最直接的曝光还是新闻报道,你做了什么事,取得了什么成绩,都可以通过新闻报道展示出来。新闻报道不是简单地自己夸自己,而是有人意识到了你的成绩,愿意为你提供机会展示自己。

百度百科和相关新闻报道的意义,不仅仅是为你增加曝光度、赚取流量,更是为了证明你的实力与影响力。

前段时间有一个朋友说,自己三年前在在行上开通了账号,但没有时间、精力管理,所以后来又下线了服务项目。我说这样不可取,我不建议她下线服务项目。我说:"你可以不接咨询服务,但是在行上的服务项目还是要保留的，因为在行是一个相对权威的平台，它可以对你进行价格锚定，能让客户看到你的价值区间。"有客户咨询我的服务时，我会把自己的在行报价、企业培训报价写上，潜台词就是在告诉对方"我的价值是被市场认可的"。

所以，你不仅需要有"我很有实力"这个观点，还要有足够有力的论据来支撑它，目的不是为了赚钱，而是为了佐证你的影响力。

总结下来就是，先搭建百度百科的框架，后续做的事、获得的成就都可以一点点填充和替换进来；你可以通过他人采访、活动报道来提高知名度，有了一定影响力后你就可以联系出版社出版图书，让图书为你进行影响力的二次放大；你还可以参加一些综艺节目、论坛峰会等，通过已有的影响力来获得更多的曝光与关注度。

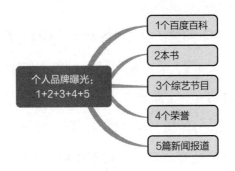

社交平台：用好公域流量

其实，放大个人品牌有很多路径和渠道，一旦其中一两条链路通顺了，你的个人品牌就能具备飞轮效应，拥有不断放大和变现的能力。

在这个阶段，你通常已经做好了个人品牌的原始积累，这时，你需要继续深入，让自己更有名气，更有社会影响力。你需要让更多人知道你的个人品牌，并且打磨出一套可以变现的商业路径。

这个时候，你就需要选择适合自己的社交平台，然后持续深耕。市场上有这么多平台，我们该怎么选择呢？

你需要先去了解目前常见的六大社交平台的特点。

微信公众号：已经过时，我不建议你作为重心来打造个人品牌。

微博：娱乐、生活化平台，适合做娱乐综艺等领域的IP。

知乎：有问题就有答案，侧重知识和干货分享的IP一定要做。

小红书：很好的种草平台，形象穿搭、美妆护肤类的IP一定要做。

抖音：当下最火的短视频平台，对形象的要求较高。

视频号：侧重私域流量运营的 IP 一定要做。

 详解六大社交平台的特点

微信公众号：风口已经过去，不要当作重心来运营

有人问我：还要投入很多时间和精力去做微信公众号吗？

我的建议是不要，因为微信公众号从 2012 年推出至今已经发展了 10 年，在这个领域，已经有非常多 10 万+、100 万+阅读量的爆款文章，即使你能写出 10 万+阅读量的文章，也已经不新鲜了。所以，从个人品牌的角度出发，我不建议大家花费太多的时间和精力去运营微信公众号，因为你很难跑赢别人。

那微信公众号就不做了吗？也不是，只是定位不一样。

对于个人品牌来讲，微信公众号更像是用户留存和使其长期关注的一个平台，因为它和微信相关联，所以我们可以在微信公众号上更新一些干货知识、活动图文和视频，这些都是为你的用户留存和转化做服务的。

以我为例，即便我之前在新媒体公司时写过很多 10 万+阅读量的爆款文章，但我的微信公众号并没有爆款文章,为什么?因为我引流、变现的重心不在这里,我不需要也没有必要在这个阵地上写出阅读量 10 万 + 的文章。我在微信公众号发布的主要内容是图书和课程宣传,我不追求阅读量和粉丝量的增长,而是更关注粉丝质量和粉丝黏性,粉丝质量和粉丝黏性与我的个人品牌强相关。

微博:"随时随地发现新鲜事",娱乐、生活化

微博的口号是"随时随地发现新鲜事",这个平台的定位就是明星八卦、社会热搜等泛娱乐化的内容。所以这个平台适合做娱乐、生活相关内容的博主。

如果你是做星座、星盘的 IP,那么微博这种短平快、泛娱乐化的平台就非常适合你。

比如**@同道大叔**,有 1700 多万粉丝。他很擅长描述各个星座的性格特点,让人感觉很真实:作为恋人,天秤座、水瓶座、双子座既能带来新鲜感,又能带来伤害;作为朋友,金牛座、摩羯座、处女座会特别仗义。他每次发布关于星座的微博,评论量都能维持在 300 多条,点赞量维持在 2000 多。

他也很暖心,会给每个星座发一句生日快乐,还会做相应的表情包,比如他给天蝎座做了一个"让讨厌的人消失"的表情包,有 1600 多转发量和 1800 多点赞量。

还有@盘盘yvonne，有300多万粉丝。盘盘有一条微博，在视频中她通过改变妆容和服饰来扮演失恋后的十二星座。许多网友评论她演得太形象了，纷纷评论"太真实了""请你把摄像头拆了"。这条视频很火，在生活日榜中最高达到第68名。

此外，她还会发起深夜话题，比如有一条内容为"求网友提名交往中最不走心的星座"，有人认为是天秤座，也有人认为是射手座。这条微博的点赞量高达1013，有165条评论。

在微博，得热搜者得天下。你选择做什么主题的内容，在什么时间发出内容，都要仔细斟酌。好的内容创作者都很会"借势"，就像前面我们说的，给个人品牌取名的时候可以借助一些超级IP的热度一样，做内容也要学会借助热搜来获取流量，有流量才有可能持续运营下去。

比起其他平台，微博传递信息更快：微博的热搜每分钟更新一次，微博的爆款内容不仅和选题相关，还有更强的时效性。

因此，如何迅速识别和账号定位相符合的热搜，并借着热搜的热度来打造内容，就是运营账号的重中之重了。

知乎："有问题，就会有答案"，侧重知识和干货分享

知乎的口号是"有问题，就会有答案"，它是一个注重

专业性知识分享的平台。

知乎90%的流量是问题带来的，回答知乎问题后你可以将流量引流到你的私域中。很多人纠结要不要自己写文章，我的回答是看你的粉丝数量，如果你有100万粉丝，那么你可以写给粉丝看；但如果你没有多少粉丝，写了文章也不会被推送给很多人看，就没有热度，写文章的性价比就比较低。

选择不对，努力白费。知乎上最容易带来流量的问题就是热点问题，一定要找到和你的专长相关的热点问题。基于知乎的系统推荐法则，它会给新答案机会，因此你可以关注一些老问题，比如"有哪些道理你后悔没有早点知道"这种问题；另外还可以关注知乎热榜里的热点问题，比如"如何升职加薪"这个问题。知乎的算法简单来说就是，答案会先在小范围推送给需要的人，互动量起来后会推荐给更多的人。只要你的答案足够好，就一定会被更多的人看见。

知乎的长尾效应比较好，很多朋友两年前写下的答案，现在还在持续引流，如果你想做知识分享、职业顾问、技能培训等方面的IP，一定要做知乎。

我有一个学员原来叫"中考英语Grace老师"，在思考完定位后，她给自己改名为"极简高分英语"，这个名字就非常好，基本上能把"极简"的特点和"高分"的目标讲清楚。她在选平台时就又开始困惑了，用她自己的话说就是："我的颜值不高，怎么拍视频？"

其实，作为知识分享 IP，你首要的任务就是做好知乎账号。在知乎，你可以回答高浏览量的问题，先分析这些问题下的高赞回答都说了什么内容，然后按照爆款结构写出多篇你自己的回答，最后还要在回答和评论中引流。

如果你要做英语知识分享 IP，那么你就应该把英语方面的高浏览量问题都回答一遍，并且想办法让自己的回答排在比较靠前的位置，比如下面这些问题。

"每天坚持学英语，为什么还是学不好？"1450 万浏览，1929 条回答，高赞回答 8.6 万赞。

"怎样才能从英语很糟糕的人变成英语很厉害的人？"1600 万浏览，1600 条回答，高赞回答 5.9 万赞。

"英语好的人是怎样背单词的？"900 万浏览，1160 条回答，高赞回答 3.6 万赞。

"如何让英语能力达到英语母语者的水平？"665 万浏览，602 条回答，高赞回答 1.7 万赞。

"学习英语给你带来了哪些机会？"550 万浏览，743 条回答，高赞回答 2.2 万赞。

"看美剧、英剧学英语有什么有效的方法吗?" 465万浏览, 666条回答, 高赞回答1.5万赞。

"有没有一种让人很爽的英语学习方法?" 450万浏览, 545条回答, 高赞回答1万赞。

"高考英语如何提到140分?" 285万浏览, 358条回答, 高赞回答2.2万赞。

同样地, 如果你要做写作知识分享IP, 那么你就应该把写作方面的高浏览量问题都回答上, 并且想办法让自己的回答在比较靠前的位置, 比如下面这些问题。

"新手如何开始练习写作?" 510万浏览, 1138条回答, 高赞回答3.3万赞。

"如何提高写作水平?" 422万浏览, 756条回答, 高赞回答1000赞。

"写作困难是因为书读得少吗?" 265万浏览, 582条回答, 高赞回答580赞。

"你是怎么靠写作赚到第一个1000元的?" 171万浏览, 423条回答, 高赞回答700赞。

"人的写作水平会随着阅读量增加而有明显提高吗?" 157万浏览, 2285条回答, 高赞回答4600赞。

"一个天资平平的人写作, 若笔耕不辍10年, 能得到什么好的结果吗?" 140万浏览, 495条回答, 高赞回答

7000 赞。

"一个写作能力很差的人，怎样提高写作能力？" 85 万浏览，300 条回答，高赞回答 1.4 万赞。

"有没有什么方法可以提高写作水平？" 62 万浏览，292 条回答，高赞回答 1 万赞。

如果你要做职场领域的个人 IP，比如木沐老师，她已经写了一本《能力突围》了，接下来要怎么选择平台来放大自己的影响力呢？我建议她多看看知乎上职场方面的高浏览量问题，比如下面这些问题。

"工作后，你悟出什么职场道理？" 6100 万浏览，9635 条回答，高赞回答 1.5 万赞。

"有哪些典型的'学生思维'？" 4554 万浏览，4872 条回答，高赞回答 2 万赞。

"为什么越努力越焦虑？" 1311 万浏览，5430 条回答，高赞回答 3 万赞。

"常见的职场潜规则有哪些？" 1272 万浏览，1168 条回答，高赞回答 1.4 万赞。

"对刚入职场几年的新人有哪些建议和忠告？" 730 万浏览，1672 条回答，高赞回答 1.4 万赞。

"职场中典型的学生思维有哪些？" 500 万浏览，842 条回答，高赞回答 6800 赞。

"怎样知道自己适合做什么?" 333万浏览,392条回答,高赞回答2200赞。

"有哪些优秀的工作习惯值得学习?" 249万浏览,449条回答,高赞回答2900赞。

当然,知乎上的"干货"内容不仅局限于这些。

我之前认识一位知乎用户,他是一名海鲜代理,仅靠一篇知乎的答题贴——教大家怎么卖海鲜,直接吸引了1000多个精准用户。后来他组织了一场线下展销会,通过卖代理权卖了200多万元,自己也成了海鲜行家。

还有很多情感领域的个人IP,会在知乎上回答一些两性情感类的问题,然后再让其他用户联系情感顾问,这也是非常好的引流方式。

总之,知乎非常适合写干货、讲道理,只要你在一个领域有足够的干货输出,就可以选择这个平台。

小红书:"标记我的生活",和变美相关的种草

小红书的口号是"标记我的生活",它是一个和变美强相关的平台,这个平台的主要作用就是种草。

如果你有一定的审美能力,对美妆、护肤、穿搭比较了解,则可以选择小红书。

@其斤小小是穿搭类博主,有300多万粉丝。她是一

位 34 岁的妈妈，主打职场轻熟通勤风。她的笔记的高赞内容主要是讲单品搭配，比如衬衫、丝巾、西装、开衫的万能搭配法。

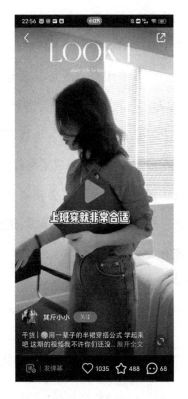

如果你想做健身、减肥、瑜伽、跳舞、形体训练等方面的 IP，则可以选择小红书。比如，夏天快到了，女生们都开始提前减肥，这时候，减双下巴、练直角肩、美背的内容就容易火。

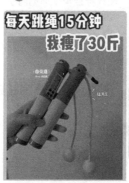

如果你想做家具分享、购物指导等方面的 IP，你也可以选择小红书。我们在小红书上搜"出租屋装修""高颜值家具"，可以看到非常多居家博主、家装设计师的爆款笔记。

抖音:"记录美好生活",形象有特点才容易被记住

抖音是当下最火的短视频平台,它的口号是"记录美好生活"。在抖音中做个人IP,你需要思考自己的形象是否有足够的特点让人记住。

我们要避免陷入一个误区:**长得不好看就很难火。**

长得很好看的人,相比之下确实更容易拍出爆款视频,但是相对普通的人如果能找到自己的特点,也能拍出爆款视频。

@疯产姐妹在抖音有4000多万粉丝,其主角之一邵雨轩最早是因为素颜、高发际线、单眼皮和爽朗的笑声而火的,在视频中,她呈现出的是非常有特点的吃货形象,网友纷纷评价"真实"。

但你可能不知道的是,她本人其实是一位模特,擅长化妆、穿搭和拍照。如果以模特形象呈现给大家,她未必能火,所以她抓住了大众喜欢真实形象的这点,把很有特色的单眼皮、高发际线呈现了出来。视频中的她越真实,粉丝就越喜欢她。

你也可以借助道具来使自己的形象更有特点。

比如抖音里有很多男扮女装、戴假发分饰多角的视频,这类道具可以增加泛生活类视频的印象点。

还有很多职场类的视频博主会穿职业装,戴大大的耳环,拿一块小白板写字或者拿一根小教鞭,这些都可以给自己的形象增添亮点,让自己更加上镜,变得和别人更不一样。

当然,如果你不喜欢拍摄视频,面对镜头会胆怯,无法顺畅地表达出自己的观点，那你就可以先暂时放弃短视频，优先选择图文。

视频号：适合对私域流量运营有需求的 IP

视频号和抖音都是短视频平台，从视频形式上来讲没有太大的区别，但二者的算法不同，视频号更注重社交推荐，更方便开展私域流量运营。

视频号是基于熟人社交关系链来做视频推荐的，同时，它与微信公众号、小程序都有关联。视频号发布视频后，可以在下方链接微信公众号文章，文章里可以放微信名片、社群二维码。同时，视频号有直播预约功能，你可以提前发布直播信息并将粉丝导流到直播间，然后在直播间引导大家购买你的产品。这就相当于最大限度地简化了引流路径。

如果你的个人定位是需要自己在视频中出镜，同时又需要将视频和你的私域挂钩，那么你就可以选择视频号这个平台，尤其是视频号现在还处于发展早期，还有一定的红利。

视频号中有一个博主是整理师，她的账号很有特点：作品全都采用抹茶拿铁的浅绿色做背景。视频中的画面也多是井然有序、温馨惬意的，再加上她本人简单、干净地出镜，整个画面都能带给人很舒服的视觉体验，这也印证了她作为"整理师"和"生活博主"的一面。她还有呼应整个画面的口号"关注我，为你的生活做简法"，以及"简单生活就用简法思维"。

她的视频大多在分享一些整理法则，从生活中的实物整理到思想、精神的梳理整顿。她通过舒适的画面来引导大家进行整理知识和技巧的学习，进而购买她的课程或者产品。

第二部分 放大：个人品牌的影响力延展

@英语雪梨老师是通过视频号做出个人品牌的教育博主，她之前发布了一条视频《一个普通女孩的十年》，获得了 10 万 + 的点赞量，这条视频分享的就是她通过学习英语改变人生的故事。她分享的英语内容都是日常生活中常用的内容，不高深，不难学。她的个人主页上写了每天早上 8 点直播教学，在直播时，她会分享英语知识，在线回答大家的英语学习问题，最后再引导大家购买她的英语课程。

3 问选取合适平台

很多朋友在思考完自己 IP 的定位后，总会问我一个问题：我该怎样选择平台？

其实，不是每一个人都适合拍视频，在开始做内容前，你需要先问自己几个问题：

你是适合写作还是适合拍视频？

你平时使用最多的是哪个平台？

你所在行业的头部 IP 选择的都是什么平台？

你是适合写作还是适合拍视频？

按照内容类型来划分的话，目前主要的社交媒体平台可以分为两类：图文类平台和视频类平台。即使现在很多平台都在玩"跨界"，同时支持图文内容和视频内容，但让这个平台火起来的一定是其中一个类型的内容，这个平台自然会对这个类型的内容有所侧重。比如，知乎、小红书现在在大力扶持视频内容，可大家都清楚，这两个平台都是以图文内容见长；抖音、视频号则是重点发展视频内容。

因此，基于 IP 定位选择平台时，你要问问自己：我到底更适合做图文内容，还是视频内容呢？

如果你擅长表达，在长相上有自己的特点或者能借助道具来强化你的特点，那么你就可以选择做视频。视频讲究"眼缘"，有的人拍能火，有的人拍火不了。

兔子擅长表达。2019 年 3 月，她在抖音发布了一条 15 秒关于北漂的视频，获得了 800 多万播放量，她也逐渐拥有了一些粉丝；2020 年年初，她回顾了自己的大学生活，制作了一条主题为"在大学如何靠兼职赚到 10 万元"的视频，这条视频又一次成为爆款；紧接着，她又发布了一条主题为"如何靠 PPT 赚钱"的视频，并开通直播答疑，该视频获得 1000 多万播放量和 70 多万点赞，一场 7 小时的专场直播直接给她带来 20 多万粉丝。她说："内容创作贵在坚持，不是每一条内容都能涨粉，但只要做对了其中几条，你就能迎来粉丝的暴涨。"

如果你不愿意面对镜头，而且你的文笔不错，那你就可以选择图文类平台。

AI 君此前非常纠结如何选择平台，她说："现在短视频比较火，但是我就属于那种非常不适合出境但是擅长写作的人，我一直比较苦恼，不知道要不要去尝试做短视频。"我们聊完之后，她决定暂时不主攻短视频，先放大自己原本的优势。由于她做的主要是知识技能类的内容，所以她决定主攻知乎,同时将小红书作为辅助平台。

你需要不断聚焦,选择适合自己的平台放大优势。

泰德·威廉斯是美国职业棒球球员和经理,也是两次美国联盟最有价值球员(MVP)得主,带领球队在联赛中击球六次,两次赢得了三冠王。他也是过去70年来唯一一个单个季赛打出400次安打的棒球运动员,能准确地把投手投出来的球击到界内。

为什么泰德·威廉斯的击打率这么高呢?他的战略思维在他的书《击球的科学》中毫无保留地呈现出来:将棒球击打区域分成了77个小区域,再从中找到适合自己的最佳击打区域,也就是他说的"甜蜜区",只有当球进入他的"甜蜜区"时,他才会挥棒击打,其他的球哪怕就在身边擦过他也一定会放弃。

原来,高击打率的秘诀是不要每个球都打,而是只打那些处在"甜蜜区"的球,只要正确击打"甜蜜区"的球,就能获得很好的成绩。

这个方法听起来很简单,但做起来难,巴菲特也曾讲述过这个故事,并说明这种战略思维给自己带来了很大的影响,比如巴菲特在做投资时只会专注、稳妥地选择自己有把握的投资标的。

敢于舍弃一些你觉得可能会赢但不一定会赢的领域,

专注在自己有优势的领域，你才可能获得更大成功。

你平时使用最多的是哪个平台？

这个问题是不是似曾相识？定位3问里也有类似的问题出现：你为什么东西付出最多？

相信认真研究了定位3问的你，看到这里已经大概明白了。问你为什么东西付出最多，更多的是问你为什么东西付出的金钱最多，而问你平时使用最多的是哪个平台，更多的是问你在哪个平台上花费的时间和精力最多。

作家格拉德威尔在《异类》一书中指出了一个有意思的定律，叫"一万小时定律"。格拉德威尔认为："人们眼中的天才之所以卓越非凡，并非天资超人一等，而是付出了持续不断的努力。一万小时的锤炼是任何人从平凡变成世界级大师的必要条件。"当然，这里的一万小时不是一个确数，相比你付出时间为零的领域，在你付出过时间和精力的领域，你就相对更加熟悉。

在选择个人品牌打造的平台时，这个理论同样适用：对于你平时付出时间和精力比较多的平台，你一定会更加熟悉该平台的玩法，也见过该平台上的爆款。

如果你平时喜欢看一些热点性强的新闻和信息，可能你花在微博上的时间会更多，见过的微博热搜、热门话题自然也更多；如果你经常玩知乎，那你一定知道"谢邀，人在纽约，刚下飞机"这个梗是什么意思。

如果你从来没用过某平台，但又要去在这个平台上做账号，那么你上手就会比较困难，需要从零开始学习。

你所在行业的头部 IP 选择的都是什么平台？

底层逻辑还是不变的：不要自嗨，要找对标账号。

如果你想成为某个领域的前几名，那你就一定要找到这个领域的前三名都在做什么，他们是怎么做的，这样你才有可能成为前三名。

因此，当你思考完前两个问题后，你就要向外去思考这个行业的头部 IP 都在做什么，要站在巨人的肩膀上去研究个人品牌。

如果你是美妆博主，你需要看行业内知名的美妆博主都在哪些平台。你会发现图文类的博主大多在小红书，视频类的博主大多在抖音和小红书，那么这两个平台你一定不能放过。

如果你是知识博主，你需要看行业内知名的知识博主都在哪些平台。你会发现图文类的博主大多在知乎，视频类的博主大多在抖音和 B 站，那么这几个平台你需要重点研究。

多看看行业头部 IP 选择的是哪些平台,你也去这些平台做账号,以他们为对标尝试做出爆款。

3 招制定发展策略

选择适合自己的平台后,你怎么开始行动呢?

我每次培训时都非常注重教学员拆解爆款的方法,但经常会有学员问我:"老师,我做的不是你说的这个平台的账号,我应该怎么拆解爆款呢?"

这样的问题可以理解为:我讲抖音,总有人问我知乎怎么做;我讲知乎,总有人问我小红书怎么做;我讲小红书,总有人问我视频号怎么做。

其实,内容平台和内容形式虽然多种多样,但内容的本质其实是不变的。我一直都认为,爆款是重复的,它们的底层逻辑都是相似的,因此,你想要做出爆款,就要先了解爆款,然后学会拆解爆款。

选好平台后,主要通过以下几招来制定发展策略。

首先,寻找对标账号,了解竞争现状。

其次,寻找爆款,分析拆解爆款。不管是图文还是视频,你都需要用拆几次的方法来了解爆款。

最后,复盘账号数据,优化运营策略。

寻找对标账号,了解竞争现状

首先,你需要知道如何查找对标账号,了解竞争现状。我在这里给大家介绍一个常见的方法——关键词搜索,以及常用的工具——数据分析平台,这会大大提高你的搜索效率。

1. 关键词搜索

我们遇到问题时,通常都会在网上(比如百度)进行搜索。同样地,如果你要研究你的同行、你的竞争对手,那么你就可以在各平台的搜索框搜索关键词,我将这种方法称为关键词搜索。

思考先于行动。你要找哪些内容,你如何定义你的关键词,很大程度上会影响你最终搜集到的内容。在这里我介绍四个非常好用且简单的思考维度。

行业维度:在商业世界中,各个行业的划分都相对清晰,如果你想要做互联网行业、电商行业,那么你可以直接在搜索框中搜索"互联网""新媒体"这样的行业词汇,就可以直接找到你对标的账号。

职业维度：行业之下是职业，很多人的个人品牌定位其实是和自己从事的工作高度相关的，根据职业进行搜索往往可以非常直观地找到你要对标的账号。比如，你从事的是收纳整理的工作，你在微博上搜索"整理"，在搜索框下方的相关用户处，点开"更多"，你就会找到大量的相关用户，这里的"春楠整理"就是目前整理界的大V，已经出版了《脱胎换骨的人生整理术》为自己背书。

角色维度：每个人的身份不只是被职业定义，还和你在生活中扮演的角色有关，比如"宝妈""奶爸""学姐"等，你还可以从你在日常交友、亲密关系中扮演的角色来挖掘关键词。

内容维度：你还可以根据你要分享的内容来确定你要搜索的关键词。比如，你想做时尚博主，你想分享的细化维度可能是穿搭、美妆，穿搭可以分为几种风格：极简风、运动风、少女风、职场风、复古风等，如果你对其中的某几种风格比较感兴趣，那么你就可以直接用这些风格的关键词来进行搜索。

比如，我的个人品牌定位是"吕白=爆款"，我会先用"互联网""新媒体"等行业维度关键词进行搜索；然后使用"运营""小编""视频编导"等职业维度关键词进行搜索；还可以使用"老师""讲师""顾问"等角色维度关键词进行搜索；接着我会用"爆款"这个关键词进行搜索，发现大家在讨论的内容有"爆款文章""爆款产品""爆款营销""爆款短视频"，这些则属于"内容维度"。

每个人身上的标签不会只有一个，这几个维度是互相关联的，你可以先判断你最想被大家知道的标签属于上述的哪个维度，先大范围搜索这个维度的对标账号，然后再换个维度进行检索做扩充。这样你也会对自己的定位了解得更加充分，因为你找到的对标账号的维度非常全面。

2. 数据分析平台

除了用关键词进行搜索外，还有一个更简便、更高效的方式——利用已有的数据分析平台,来帮助我们寻找对标账号。

常见的数据分析平台有:

①飞瓜数据(https://dy.feigua.cn/)。

②新榜(https://www.newrank.cn/)。

③新视(https://xs.newrank.cn/home)。

④千瓜数据(http://www.qian-gua.com/)。

这些平台的免费功能基本可以满足我们的日常需求,不管是寻找对标账号,还是寻找爆款内容,它们都会有对应的品类分类和数据分析。

下面我以飞瓜为例,给大家示范如何利用数据分析平台快速找到自己想要对标的博主。我们前面所讲的"内容维度",这个平台直接给我们做了分类。

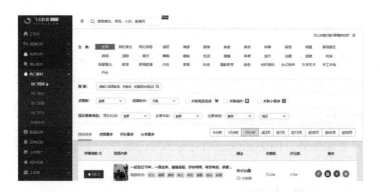

我们通常从以下三个维度来寻找对标账号:头部竞品账号、相同内容领域内排名相近的账号、垂类数据突然表

现异常的账号。

(1) 头部竞品账号

头部竞品账号，是指在某一个领域内，排名长期靠前的视频账号，账号能做到这一点，可见其发布的内容一定有值得借鉴之处。

参考做法：打开飞瓜数据—抖音版，选择①播主排行榜，②行业排行榜，③日/周/月榜，④内容领域，⑤找到你选择的领域的头部账号。

下图便是用这种方法，找到了情感领域的头部账号"冬冬和37"，大家可以定位自己感兴趣的领域，找到排名靠前的头部账号进行分析。

(2) 相同内容领域内排名相近的账号

除了关注大号，我们还需要关注"直接竞品"，也就是相同内容领域内排名相近的账号。

参考做法：打开飞瓜数据—抖音版，选择播主搜索—

高级搜索,进入高级搜索页面。

在高级搜索页面,选择内容领域,然后选择和你的账号粉丝数相近的粉丝指标,之后点击搜索,就可以找到与你的账号所在的领域排名相近的账号了。

注意,下图的一些搜索指标没有选择,比如飞瓜指数、粉丝的地域、年龄等。当你自己的账号在飞瓜上有指数出现,且有粉丝画像后,你就可以做这部分的筛选了,来找到和你的账号定位更接近的账号。

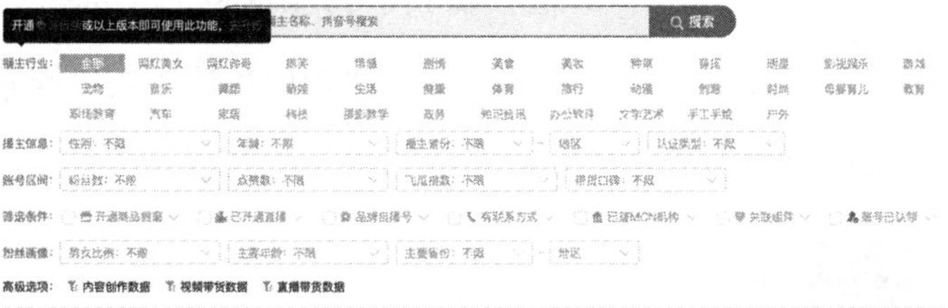

（3）垂类数据突然表现异常的账号

垂类数据突然表现异常的账号同样需要关注,找到这部分账号,分析它们怎么在一个垂类内容领域突然火了,是因为某条爆款视频,还是官方的流量扶持等。

参考做法:打开飞瓜数据—抖音版,选择①播主排行榜,②成长排行榜,③关注在什么时段内的内容,④内容领域,⑤从排行榜中找到对应的账号,⑥查看指标,⑦查看详情。

比如,下图是我们找到的2020年4月在影视娱乐领域成长排行榜上排名第一的账号：剪了个瓜。图中⑥处的数据表明，这个账号目前粉丝数33.5万，在4月这一个月内增加了22.6万粉丝，这就是我们要找的垂类数据表现异常的账号。

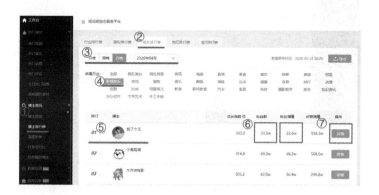

我们点击上图中的⑦详情，进入它的账号主体页，选择①数据概览，②30天（监测这一个月的涨粉情况），可以发现③在4月25日，该账号涨了13万多粉丝。

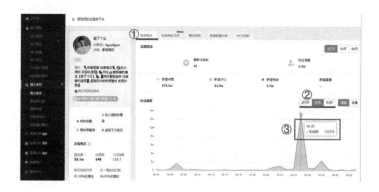

然后我们可以选择①播主视频，选择②监测异常的4月25日前三日内的发布情况，选择排序方式③最热。

我们可以发现，这个账号在4月24日发布了多条和某明星分手相关的热点视频，其中出现了点赞量185.6万的爆款视频，讲了某账号在抖音发布的剪八爪鱼的视频，影射某明星。这其实使用的就是追热点的方法。

对于这种垂类数据突然表现异常的账号，我们需要重点关注。

当我们通过以上方法找到了想要分析与对标的账号后，还需要对这些账号进行评估，找到真正让这些账号火起来的原因。这有助于我们找到正确的对标对象，少走弯路。

寻找爆款，分析拆解爆款

找到对标账号后，我们要寻找爆款、拆解爆款。

无论是我还是我带的团队，不管在哪个平台上做账号，操作流程都是一样的。

（1）寻找爆款：寻找对标账号的爆款，同一选题下至少找到三条高赞内容。

（2）拆解爆款：寻找图片、文字、视频、发布文案、标题、高赞评论的共同点。

（3）整理要点：把高赞内容的要点摘下来，总结共性。

在寻找爆款时，我们有两个参考维度：热度和数据。

要想成为爆款，要求作品能够在平台内达到一定热度，作品所属话题受到多数用户的关注，或受到平台的流量扶持等，能够在平台的热门榜、热搜等方面有所体现。和你的领域相关的、上了热门的话题，尤其是多次上了热门的话题，最值得我们关注和研究。

数据是爆款最直观的体现，对于图文类内容要关注阅读量、点赞量、留言率、转粉率，对于视频类内容要关注完播率、互动率、播赞比、转粉率。

在寻找爆款时，我们要注意：不同平台爆款的数据不同，小红书作品一般有5000多点赞和收藏即可被视为爆款，抖音或快手作品至少要达到10万点赞才能被视为爆款。

找到爆款后，你要培养对爆款的感知能力与判断能力，在深入拆解爆款之前你还需要做两件事：从高赞评论中初步掌握这个作品成为爆款的原因，思考这个作品的内容是否与自己的账号定位相匹配。

一个作品成为爆款的原因有很多，你可以通过高赞评论来分析你找的这个作品的内容是否值得你学习，因为高赞评论一般都代表着大众的心声。

然后，你还要考虑这个作品的内容是否与自己的账号定位相匹配。

比如我主攻新媒体领域，虽然小红书里的女性成长笔记很火，但这个方向明显不适合我，所以这类爆款不适合我来学习。

选定爆款后，我们需要拆解爆款，深入分析其成为爆款的原因。

不将一个爆款拆解到底，都不能算是拆解过爆款，流于形式的拆解毫无用处。我在后文中会重点讲解如何拆解爆款。

拆解完爆款后，我们需要建立自己的内容库，整理有关爆款的要点内容。

这是一个由点到面的过程，是一个进一步分析和思考的过程，这个过程不再是纵向深入剖析一个视频或话题的火热度，而是将多个爆款放在一起横向比对。

如果只是拆解一个个爆款,却没能做好归类和整理,那么拆解爆款的效果可能会大打折扣:因为你的拆解只是停留在独立的个体层面,而没能将它们总结整理成更系统的属于你的内容。

下面重点介绍图文类和视频类爆款的拆解方法。

图文类爆款拆解:拆三步。

图文类爆款的拆解,主要涉及微信公众号、知乎、小红书、微博这几个平台。

小红书比较侧重图片,微信公众号、知乎、微博的侧重点主要在文字部分。

在这里,我用拆三步的方法教大家如何拆解图文类爆款。

第一步,拆解文章的主题与结构。

不管一篇文章讲的是什么,呈现形式是什么,它一定会有主题和观点。

通读爆款内容,站在读者的角度来思考,为什么它能够成为爆款,它的主题是什么,作者对这个主题又持有怎样的观点。主题提炼能够帮你更精准地接触到读者对什么话题感兴趣,他们想要看到什么类型的内容。

同时,你也需要注意拆解文章的结构,因为行文逻辑与结构是作者需要狠下功夫的地方。你可以文笔不够好，但你的逻辑不能混乱，通顺流畅的结构可以让你把想表达的事情、观点阐述清楚。所以，拆解结构的本质，其实是在看作者的行文逻辑是怎样的，他表达了什么观点、讲述了什么故事。

具体的写作结构，我在《从零开始做内容》这本书中讲过模板，感兴趣的读者可以去看看，相信可以帮到你。

第二步，拆解素材，对比替换。

第二步的拆解重点是了解图文类爆款用了什么素材。

如果是一篇文章，我们需要拆解文字内容和故事，不管作者是直接提出还是含蓄表达观点，一般都会有故事素材或者案例来进行论点佐证，让整个文章主题更加鲜明，观点更加真实可信。

比如，很多人都写爱情故事，但为什么其阅读量会天差地别？因为大家讲述的故事不一样。爱情中常见的故事元素有什么？分手、矛盾、事故……人们往往都会为不欢而散的爱情感到悲伤，容易产生共鸣，如果你写的是甜甜的爱情，那火起来的概率就会比较小。

如果是一篇图文笔记（以小红书为主），我们需要拆解图片素材和发布文案。小红书的图片素材有很多种类型，高颜值单图、聚合型拼图、实拍图、表情包这些都值得我们分析，很多爆款不是因内容而火，而是因为某张图片火的。

比如，小红书上有很多高颜值小姐姐讲穿搭，不是因为她们讲的内容有多好，而是因为封面图很好看，所以这条内容就火了。

我们需要学会拆解这些爆款的素材，知道爆款都在讲什么、用什么，然后用自己的故事、文字、图片替换进去，这样才更容易做出爆款。

第三步，拆解金句，找到最触动人心的句子。

金句是图文类内容的关键要素。

我在《从零开始做内容》中分享过"互动式写作"的方法，其中提到了在图书初稿写完后，我要做的一件事是：提高画线率。读者看完一本书后，能记住的或者说能稍微有点印象的就是画线的部分，读者对于一本书的感觉是好还是不好，最直接的体现就是他画线的内容有多少。

通常来说，读者画线的内容就是金句。不管是一本书还是一篇文章，金句都尤其重要，你的文章中要有能让人感慨、惊讶、连连称赞、回味无穷的内容。

金句能触动读者的内心，也能给读者留下更深刻的记忆点。没有金句的文章，别人可能记得一段时间，之后就忘掉了；有金句的文章，别人就算不记得文章是怎么写的，也会因为金句而记得他曾读过你的文章,并且感悟颇深。

所以,分析金句也是为了读懂爆款触动了读者的什么情绪和心理,从而让我们对细节更有把握。同时,我们在写文章时也能更好地写出或借用金句。

视频类爆款拆解:拆三遍。

我将视频类爆款的拆解方法称为"拆三遍",每遍拆解的侧重点有所不同。

第一遍:关注视频整体内容,可以用一个爆款公式来拆解,即爆款 = 黄金 3 秒 + 2~5 个评论点 + 互动式结尾。

如何理解这个公式呢?

1. 黄金 3 秒

视频能否吸引用户,前 3 秒很关键。如果 3 秒内没有吸引住用户,他就会滑过,即使视频后面的内容很精彩,也不会被欣赏到。就像是找工作一样,简历筛选不过,即使我们再优秀也不会有面试的机会。

那前 3 秒怎样才能吸引住用户呢?

视频开头减少铺垫,直接抛出激烈的冲突点,快速吸引用户的注意力。一定要有冲突点,要么是大家最痛恨的行为(老人插队),要么是激烈的争吵(甚至直接打起来），要么是引人深思的问题，要么就是最近的热点事件。

总之，视频前3秒要能快速吸引用户的注意力。在短视频时代，每1秒都关系着视频内容的密度与输出节奏，每1秒都有效。这是短视频内容的硬性要求，在发出视频前，一定要注意黄金3秒的视频开头能否吸引用户。

2. 2~5个评论点

开头的3秒吸引了用户以后，接下来需要的是视频中的信息点足够多，一般来说，每个爆款视频都会具备2~5个评论点，也就是用户可以评论的点。

以抖音为例，一个视频能否成为爆款的核心是：互动率［(点赞数+评论数+转发数)/观看人数］×完播率(看完人数/观看人数) 数值的大小。数值越大，越容易进入下一个流量池。互动率中权重最大的是评论，足够大的信息密度就给了用户足够多的评论点，这样视频爆火的概率就会更大。

一条视频必须要有2~5个评论点，这样才能获得更多的流量，才有可能成为爆款。

3. 互动式结尾

互动式结尾能够引导人们点赞、收藏、关注和评论，博主通常会在视频中用语言、文字、行动、手势引导用户变为自己的粉丝。

对于这个公式的理解和运用,我在另外两本书《从零开始做内容》和《人人都能做出爆款短视频》中分享过详细的方法和案例,在此不再赘述。

我们拆解第一遍时,要先看整体感觉,然后观察、分析爆款视频是如何利用这个公式的,它们的开头、中间、结尾分别在讲什么内容。

拆解时,我建议大家把爆款视频的脚本整理出来进行分析,新榜、新视的会员版本都支持脚本读取。此外,我们也可以通过录音转文字的方式来留存一些爆款视频的脚本,研究爆款博主的文案和思维方式。

第二遍:给视频打上多元化标签,明确视频内容所属分类。

我们可以从不同的角度对视频进行分类,给视频打上多重标签。

一般来讲,我会给一条爆款视频打上三层标签。

第一层,视频内容所属类别标签,比如情感类、教育类、成长类、游戏类、技能类等,这层标签能够帮你迅速判定这条视频的内容是否和你主攻的领域相关。

第二层,话题标签。对视频的主题进行总结,看看视频应该归到哪类话题里,这可以帮助你明确爆款内容的选题是什么。

第三层,多角度细节发散标签。这层标签就没有什么限制了,除了视频的类别、话题外,一切相关的细节都可以作为标签。这一层标签主要就是总结视频的记忆点和特点,它们可能也是让这条视频成为爆款的原因之一。

第三遍:关注评论区。

评论区是最能体现用户与博主之间"互动"的地方,第三遍拆解需要仔细研究评论区排名前5到前10的高赞评论。我们可以从高赞评论中解读出很多内容,不仅有用户对视频或话题的观点、看法,还有他们真正喜欢和感兴趣的东西。

复盘账号数据,优化运营策略

如果你已经完成了从0到1做账号的所有前期准备,也意识到了"先完成再求完美"(先实践,在实践的过程中不断优化迭代),那么接下来你需要了解的是,如何运营和复盘你的社交媒体账号内容。

为什么要讲运营和复盘呢?因为你必须时刻了解自己所处的阶段,了解自己打造个人品牌所遇到的困境。我很喜欢《金刚经》里的"空",不管在哪个阶段,你都应该清空自己，接受自己是个普通人的现实，在成功和挫败中进步、提升。

运营包括以下几个方面：账号内容运营、粉丝和用户运营、账号等级运营、身份运营等。

评论区是能直接和粉丝、用户接触、互动的地方，也是做账号的时候绝对不可以忽视的地方。我们既可以从这里的高赞评论中研究选题、内容火爆的原因，同时也能找到一些做账号和内容时应该优化的方向。比如我在前文中提到的"2~5个评论点"，就可以从高赞评论中找到。

同时，我们也要回复评论。很多IP都喜欢在私信里解决问题，而不太关注评论区，这其实是不对的。除了发送信息和接收信息的双方外，其他人都看不到私信的内容，这样你的账号就像一个"搬运号"，只生产内容不回复评论，从而会拉开和粉丝、用户之间的距离；相反，如果你能够增加和粉丝、用户的互动，并在评论区让大家看到，那么你的形象就会看起来更平易近人，你就更容易获得大众的好感，同时也会提升账号的活跃度。

此外，运营时你还需要关注你的账号所在的领域在发生什么。

我有一个学员，他做账号真的是非常认真且"专注"了。

有一次他来问我:"吕白老师,我花了半年的时间,用了几乎全部的精力来做我的账号。平时我感觉我的账号的数据还可以,今天我看了一下我的这个领域中跟我差不多同期开始做的账号,数据比我的账号好很多。这是怎么回事呢?"

我感觉不大对劲,反问他:"你是今天才发现其他账号的数据比你的账号的数据好很多吗?你之前都没关注过吗?"

他摇了摇头,说:"没有。我一直在专注于运营自己的账号。"

我说:"你这不叫运营,你这叫闭门造车。你这样做,那还要对标账号干什么?"

我们需要去看整个领域的爆款内容是怎么做的,以及我们的对标账号做对了哪些、做错了哪些。

然后,在此基础上,我们就可以进行每日复盘和阶段性复盘。

我一向只相信数据,因为数据能够最直接地带来事实的客观反映,而不是靠"我认为""我觉得"之类的主观感受来臆断现实。

复盘主要从内容数据与账号发展两个方面来展开。

内容数据能够直观地体现出账号的运营情况，主要是分析一段时间内账号内容的数量与质量。图文内容和视频内容有不同的侧重方面。

1. 图文内容

（1）常规数据。一段时间发布内容的条数，以及每条内容的阅读量（点击量、浏览量）、点赞量、收藏量、评论量、转发量、增粉量等。

（2）互动率=（点赞量+评论量+转发量+收藏量）/阅读量。互动率是决定内容能否成为爆款的重要数据。

（3）赞阅比=点赞量/阅读量。赞阅比体现图文内容的质量，读者对文章质量认可度越高，沉淀成为粉丝的可能性就越大。

（4）阅粉比=单条内容增粉量/阅读量。阅粉比体现单条内容转化粉丝的效果如何。

（5）爆款率=爆款数/发布总数。爆款率是指一段时间内发布的内容成为爆款的比例，体现了一段时间内图文内容的爆款产出情况。

2. 视频内容

（1）常规数据。一段时间发布内容的条数，以及每条内容的播放量、完播率、点赞量、收藏量、评论量、转发量、增粉量等。

（2）互动率=（点赞量+评论量+转发量+收藏量）/播放量。

（3）完播率=看完视频的人次/播放量。

（4）转粉率=单条内容涨粉量/播放量。

（5）爆款率=爆款数/发布总数。

从账号发展方面来看，主要有以下几个方面。

（1）一段时间内的增粉量。

（2）一段时间内的总点赞量。

（3）一段时间内的总收藏量。

（4）一段时间内的总赞藏比。

（5）一段时间内的爆款率。

以上数据都要与之前几个时间段的数据进行对比，我们据此来判断一个账号的阶段运营情况，是有明显提升，或是保持持平，还是略有退步等。

复盘时，我们不能只列数据，还要通过异常数据得出结论，并制定下一阶段的目标和计划，不断迭代更新才能接近成功。

第二部分 放大：个人品牌的影响力延展

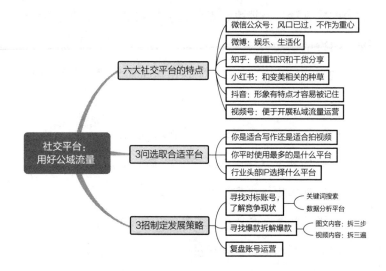

第三部分

变现：
个人品牌的商业价值

商业体系：形成能够变现的闭环

当你已经做了个人品牌，并且在私域和公域都有一些积累后，你的 IP 就会越来越有影响力。这时，你可以做一些个人品牌升级的动作，让个人品牌实现变现。在后文中，我会分享如何构建商业体系，形成变现闭环。

 用户细分：明确目标人群

曾有人问我："吕白老师，我如何保证能有用户愿意为我付费啊？"

我和他说起我的故事。早期我做新媒体时也不懂得如何寻找目标人群，有人想学写作我就教写作，有人想修改简历我就教如何修改简历，有人想学怎么卖产品我就教营销话术，结果基本上都是一次性买卖。因为我没有结合自己的定位找到精准用户，所以只能东一头西一头地做。

后来，我通过朋友接触到了两个词：用户细分和用户画像。在市场经济时代，很少会有"供不应求"的领域，不进行用户细分，怎么从竞争对手那里分得属于你的用户呢？

打磨一款产品，打造一个品牌，在理论上满足市场需求还不够，品牌想要获得营收的很重要的一点就是，要让用户选择你，不然就毫无意义。能够满足市场需求的产品有不少，但是能否有足够多的用户愿意为产品付费才是一个品牌能否占有足够市场份额的关键。

因此，我们需要进行用户细分，并给出用户画像。

用户细分

秋叶通过用户细分，发现了 PPT 的教学市场前景广阔。当大家都认为 PPT 只是一种工具，甚至可有可无时，秋叶对用户进行细分，发现市场上有很多人都有潜在的 PPT 技能需求。他在对用户进行细分后抓住了机会，成功地占领了大部分 PPT 培训的市场份额。

针对细分后的用户群体，我们要进行差异化调整并给出服务，然后将分析结果落到实际的应用中，不能只是"为了细分而细分"。

如何做用户细分呢？

找到和常规简单分类的不同之处，在这个维度上划分用户群体，从而为产品或者服务设计提供指导建议，让未来设计出的产品或服务能够更受目标用户的青睐。很多营销课程可能会告诉你，要从用户的职业、年龄、兴趣爱好等维度来进行划分，其实不然。如何做用户细分，很大程度上取决于你的研究目的。比如你要做美妆 IP，那么你就应该从化妆频率、年龄、化妆品偏好、消费水平等维度对用户进行细分，这时候如果你过多地关注用户所在的城市、职业等，就容易跑偏。

通过用户细分，你就能够更聚焦于目标用户，用你所有的资源与精力专心服务好这些用户。同时，当你从与众不同的角度对用户进行细分后，你就能比同行更快地掌握这些差异化的市场，从而扩大品牌的市场占有率。

用户画像

对用户进行细分后，你可以根据一个群体中大部分用户的特性来描绘用户画像。你可以赋予用户性别、年龄、性格特质、产品需求、兴趣爱好、收支状况等维度的内容，也可以设定用户使用产品的情景，以及使用过程中碰到的实际问题，站在利他主义的角度，多为用户的体验感思考，从而进一步细化产品设计，让产品能够更贴合用户的实际需求。基于用户画像做个人品牌，从用户的行为和动机来设计产品，能"去主观化"，避免"自嗨"。

用户画像相当于"打标签"，即寻找合适的标签去描绘用户。标签的种类和维度有很多，比如用户的自然属性、社会属性、消费特征、兴趣爱好等。通过不同的标签组合，你就能够整合想象出一个抽象用户的形象。这时候其实你就掌握了这个（或这类）用户是什么样的人，喜欢什么，消费水平如何。

下面给大家列举了一些可供选择的用户画像维度。

用户自然属性	性别、年龄
用户社会属性	国家/地区、职业、居住社区、家庭关系、社交圈层、工作地点、学习地点
消费特征	消费水平、收支水平、品牌偏好、类型偏好、比价程度、下单速度
用户定位	新用户、老用户、稳定消费用户、衰退用户、流失用户
用户价值	消费档次、消费积分或等级、消费活跃度、用户信用

你可以根据用户画像对产品进行精准定位，明确你到底要做什么样的产品。

我的用户的画像是至少已经工作3年的内容领域职场人。他们追求更高的职位、更高的薪资或更快的个人成长速度，因此能够成为我的多次付费用户。同时，他们有一定的付费能力，能够接受高客单价产品，愿意为知识、认知、技能学习付费。

因此，无论提供哪种产品，你都需要先了解你的目标人群有哪些。

首先，根据你的人设定位，在所有人群中划分出一个对应的用户人群；其次，基于某个具体的产品，在用户人群中圈定目标人群。由大及小，层层递进，不断深化。

如果你是一名英语老师，要提供一项家教服务，那么你需要考虑清楚：你的目标人群是学生还是家长？如果是学生的话，是小学生、中学生还是大学生？如果你是时尚达人，那么你需要考虑清楚：你需要针对哪个年龄段的用户群体呢？是男性还是女性呢？如果你是文案写作老师，那么你需要考虑清楚：你主攻的是哪方面的文案？是广告文案、营销文案，还是微信公众号文章？这些对应的领域和范围都是需要你考虑清楚的，才能更好地确定目标人群。

然后你需要思考：你能够解决目标人群的什么痛点？

这个痛点是真实存在的吗？还是只是你以为的痛点？

举个例子，职场导师的方向可以分为很多种，只要你在职场里能想到的各个环节都可以"有所为"，比如简历辅导、求职面试、汇报工作、小组合作、同事关系、自我提升、晋升加薪、跳槽涨薪等。每一个环节都有对应的用户群体，也有不同的痛点。不同的环节里会有重复出现的人群，他们在某阶段会有一个或多个问题亟待解决。如果你要做个案咨询或某家企业的职场主题培训，你需要先了解：这个人/这群人处在职场的哪个阶段？工作多久了？目前做什么职位的工作？普遍遇到了哪些问题？如何帮助他们解决问题？有哪些可实施的方法和路径？有没有可以借助的外力或者工具？

如果对以上问题不清楚，那么你可以借助问卷或者调研的形式，了解你的用户和潜在用户群体都有哪些，他们有什么样的需求，他们是否愿意来购买你的产品或服务。不管他们是否愿意购买你的产品或服务，你都要弄清楚原因是什么。

在这一步，你不能只是得到他们给出的是或否的答案，一定要多去了解他们的真实想法，甚至是读懂他们的言外之意；同时你也需要知道在什么情况下，你的用户会改变自己的想法，对于这一点，你需要有自己的预判。比如，有的人原来不知道自己需要简历咨询,但他遇到了什么场景或者你提供了什么东西,会让他意识到自己需要这项服务?有的人认为自己不需要穿搭老师,但在什么情况下或者是你提供了什么东西,他会自愿购买你的服务?这些能够改变用户的心智、想法或者选择的因素,你都需要了解清楚,深挖原因,这样才能够更好地提升和优化你的 IP。

针对不同的用户,区分不同的侧重点,深挖用户最痛的那个点,重拳出击,解决用户最迫切的问题,这样才会有更多的人来购买你的产品或服务。

企业品牌也是如此,如果你想做到头部,就需要进行用户细分,在大众市场里寻找需求相似的用户,提供差异化服务。

银行在配置一些理财产品的时候就会对客户进行细分。比如银行会从高收入、中等收入、普通收入等维度,将不同资产范围的客户区分开来,并针对每个客户群体提供最合适的理财产品。

加拿大的 RBC 银行是将客户细分做得比较到位的一家银行。一般来说,20~30 岁的人会被银行划分为普通收入群体,但 RBC 银行不同,他们会对客户进行更加详细的划分。银行营销部门从客户数据库中率先调取出这个年龄段医学院、牙医学院与法学院的学生,把他们单独划分成一个客户群体——潜力客户群，同时为这个客户群体提供新的贷款计划，比其他银行提供的学生贷款更合适。两年后，RBC 银行在同类客户中的市场份额由 2% 跃升至 18%，每个客户带给银行的利润是银行其他客户的 3.7 倍之多！

此外，RBC 还在老主顾的身上做了客户细分。他们发现有一些银行的老客户在银行流水和交易往来上不是很活跃。通过调取数据，营销部门发现这部分客户里有不少都是"候鸟"，他们会跟随季节变换居住地。比如，为了躲避加拿大的漫长寒冬，他们会选择到温暖的美国南部居住一段时间，等天气回暖之后再返回加拿大。

有了这个发现后，他们将该现象作为提高营收的好机会，针对这部分客户群体设计了一套资金的"候鸟套餐"，为客户在美国生活提供更多便利。这个套餐成功地让 RBC 从每位客户身上得到的平均净收入增长了 250%，客户流失率也下降了 45%。

华为手机也是如此。你有没有发现，华为旗下的手机产品有很多个系列？麦芒系列大多供应给运营商，可以根据运营商的不同需求调整和定制；Nova 系列定位在中等价位，用户细分群体是追求手机外观、喜欢拍照的年轻用户；Mate 系列走商务旗舰风；P 系列是高端的年轻消费者旗舰机产品……这就是对用户细分后进行的产品调整，将用户分得越细，针对用户推出的产品就越精准，"个性化"与"精细化"产品运营会吸引更多用户付费。

美国营销学家温德尔·史密斯说："市场细分不应停留在产品差异上，而应该是根据顾客需求的差异把某个产品或服务的市场划分为一系列细分市场的过程。"

引流新用户：提高转化率

之前有人加我微信，想和我聊聊他研究品牌流量时不明白的问题。

他问道："吕白老师，品牌有了很多流量，就相当于有了潜在的用户。是不是流量越多，成交量就会越大？可我看有的账号有200多万粉丝，销售额1.6亿元；但另一个账号有400万粉丝，销售额还不到70万元。怎么会有这么大的差距呢？"

我说："这种情况很正常，粉丝不一定能让你变现，精准流量才能让你赚钱。"我反复强调做个人品牌一定要有差异化，一定要给用户带来较高的价值。我们做个人品牌追求的不只是大流量，更是占比较高的精准流量。如果不能为用户带来足够高的价值，你的个人品牌在用户眼中可有可无，那么你吸引的就不是有效且精准的流量。

盲目追求大流量，想尽办法在流量上做文章，是现在很多创业者、互联网或新媒体从业者会陷入的误区。他们总认为自己的社交媒体账号粉丝数多，流量大，就有满满的成就感。但现实会给他们以重击：这些所谓的"大流量"，可能只会给他们带来很少的成交和收益，甚至有时候可能会出现"零成交"的情况。

究其根本，是他们对流量有着不太恰当的认知。他们的追求重心，应该从"大流量"向"高转化率"进行转移。与粉丝产生互动，有更多的交集与交流，在不同的社交媒体或官方网页上彰显自身的品牌价值，这样吸引的流量才会更精准，才更容易转化成潜在用户。不断增加用户对个人品牌的信任度，才是提高产品或服务成交量的前提。

引流的本质，是将个人品牌想要传递的信息，精准输送给潜在用户，再将潜在用户引导到私域，比如微信个人号、微信群等。"潜在用户"就是我们基于用户细分、用户画像得到的具有高度相似需求的人群。在明确了信息传达给谁的前提下，我们需要思考传达给他们什么样的信息。

我们可以将引流得到的新用户分为以下三类：一次性付费用户，复购用户，长期且稳定的团体用户。针对不同的用户，我们应该用不同的方式进行引流与沉淀。一次性付费用户可能只是"好奇"或想"占便宜"，他们并未对品牌或相关产品产生明显的需求，所以一次性用户不是引流的重点。这样的用户流量大，但流失率也非常高，一旦流量获取成本偏高，品牌几乎就是难以实现盈利的，同时也不利于品牌的口碑传播。复购用户是品牌比较需要的用户，复购代表用户对品牌、产品与服务是基本满意的，是品牌在新用户引流的过程中需要重点注意和转化的群体。长期且稳定的团体用户则是能够为品牌带来稳定收益的忠实用户，是打造品牌时需要重点服务的用户群体。

你可以选择用多种形式来呈现你的内容：微信公众号推文，官方网页介绍，百度百科简介等。相较成本较高的官方网页制作，我更推荐刚做个人品牌的朋友，打磨一篇好的引流推文。这篇推文就是你的个人品牌的简介，能让用户快速、精准地获得有效信息，了解你的个人品牌。

推文的主要结构主要为：**故事＋作品＋服务/产品介绍＋案例＋引流**。你可以根据实际情况对呈现顺序进行调换，总体上围绕这五个板块来叙述即可。

故事和作品这两部分通常联系紧密。我们可以从个人品牌的发展入手讲述故事，通过个人品牌故事引出相关的作品与成就。以形象顾问史小嘴的引流推文为例，她是一位形象设计顾问、穿搭规划师,她在自己的个人品牌引流推文中就是从故事入手的。

史小嘴,曾经做过空姐,有着稳定的高收入。

在飞行期间,史小嘴的每次考核几乎都是满分。她入职三年即被破格提升为乘务长,曾多次为同行进行业务培训,并在相关比赛中多次获奖。

突然有一天,史小嘴意识到自己还可以做其他的事,并且这个想法在她的心里持续了很久。所以她最终决定结束11年的飞行生涯,裸辞创业,做形象设计与穿搭规划。

会品酒,懂茶叶,考取了形象技巧与TTT培训等多个证书,拥有多项专业技能,为客户做形象设计的史小嘴被客户评价为"你是天生干这行的"。

为什么先讲故事和作品?因为这是通过情感共鸣和能力展示的双重维度,向用户展示个人品牌的过程:故事可以引起共鸣,让别人对你刮目相看;作品可以展示专业度,让别人愿意信服你。

打完"情感牌"之后,你就可以从多个维度来介绍你的产品或服务:功能维度,介绍你的产品或服务具有哪些功能,能帮用户解决什么问题;优势维度,告诉用户为什么选择你的产品或服务,而不是他人的产品或服务;使用体验维度，通过他人的反馈与评价，给出最直接的体验感受，让用户判断和确认你做的产品或提供的服务是否真实，他们的付费是否值得，是否"物超所值"。

如果有产品或服务反馈，则可以当作典型案例来说明：比如在我开设的个人 IP 课程中，我会加入大量学员成长的案例，详细讲述他们如何思考和定位，如何尝试着摸索出引流与变现的方法。这些学员的案例比我们"自卖自夸"更能使新用户信服。案例列举可以让别人从侧面了解你可以提供的产品或服务。

最后便是引流部分，将公域流量一步步转化到私域，并沉淀为粉丝，这是引流推文需要达到的目的。你可以在文末放上联系方式，并通过以下文字进行引流："加我微信即可获得更多福利"，或是"加我进社群，社群里会不定期分享××干货知识""加我微信即可领取××领域资料礼包"等。

引流推文的结构要完整，脉络要清晰。在一篇引流推文中必须阐释清楚"你是谁""你做了什么""你能为用户提供什么"。

除了引流推文外，我们还可以通过以下五种方式来吸引新用户。

1. 赠送式

顾名思义，赠送式就是通过一些免费发放的资料、课程、小礼包等，吸引用户关注的引流方式。比如：

关注账号并私信"口语"，即可领取最新雅思口语习题集！
关注我，回复"1"，即可领取春招资讯大礼包。
关注我，回复"2"，即可免费领取冥想引导音频。

赠送式的劣势在于完全无门槛，吸引来的用户不够精准。用户不需要付出多少时间成本，只需关注并回复就可以领取资料礼包。引流到的用户不乏因为好奇点进来看一下的，可能对你提供的产品或服务并无需求。

2. 体验式

体验式即买卖双方都能获利的引流方式，通过推出低于用户心理预期价格的产品或服务，来换取更多流量。比如：

9.9元领取三节外教口语课。
19.9元掌握收纳技巧。
5元带走价值699元的情商课程资料。
原价99元的舒缓精油现在付邮费即可带走。

相对于赠送式的引流方式而言，体验式有了低价付费的筛选门槛，这在一定程度上能够对流量进行初步筛选。一些对你的产品或服务无需求的用户不一定会为此付费，因此转化到的潜在用户比例就更大，未来的付费用户转化率和成交率也相对更高。

3. 分享式

分享式即通过制作领域内具有一定专业度的知识（图文或视频形式）来引流，这种方式更侧重于通过高质量内容来吸引用户，能够吸引的流量也相对更加精准。用户会在认可图文/视频内容的基础上，进一步关注你的个人品牌与产品或服务本身，考虑自身需求后付费转化的可能性较大。

4. 裂变式

裂变式即通过现有忠实用户的推荐、推广，从现有忠实用户的私域流量圈子获取新用户的引流方式。裂变式是六种方式中引流最精准的一种，因为被推荐的新用户与老用户本身具有社交基础，双方之间有一定的信任关系，因此新用户不会对被推荐的产品或者服务有抵触或反感的情绪。

这也是一些品牌会和网红、KOL等合作的原因之一，除了对方有一定的流量外，更是因为他们的粉丝对博主本人有一定的信任，在信任的基础上，才会存在"被种草"和"被推荐购买"。

5. 留白式

留白式可以和分享式相结合，多用于干货分享、产品介绍内容的发布中，旨在通过不给出全部信息，吸引用户进一步关注品牌来了解产品或服务详情。

总之，引流新用户就是搭建高效触及用户的渠道。这一点不难实现，但却至关重要。引流新用户的过程就像是用一个大漏斗，从大流量池中一步步筛选出精准流量，然后再将其转化为付费用户，甚至是长期用户、品牌忠实粉丝。

沉淀老用户：增加留存率

很久以前我收到一个做实体餐饮店的朋友的邀请，去参加她的店面的开业典礼。她在城市的黄金地段开了一家高档餐厅，餐厅每天的人流量都很大。刚开业没多久，她就已经想象自己赚得盆满钵满的情形了，甚至已经开始盘算着要开分店了。

但是最近她来找我诉苦：餐厅刚起步时生意红火，但最近几个月，餐厅的营业额连续下滑，再这样下去就要进入亏损状态了。

我有点不解，之前看她对餐厅很有信心，没想到现在却遭遇了这样的经营危机。于是我询问了具体经营状况，这才发现问题所在。

她以为餐厅选址在人流密集的区域，每天就会有非常多的新客户进店消费，于是便疏于对老客户的关系维系。开店几个月后，由于没有享受到额外的服务或优先权利，办了会员卡的老客户就很少有人愿意来经常消费了。但是她当时并没有太在意，觉得只要有新客户，就不用太在意老客户。

我告诉她，恰好相反，餐饮业更需要回头客。对于一个餐厅来说，在某个时期内，有 100 个人来，每人消费一次，反倒不如有 10 个人来，每人消费 10 次效果好。回头客的消费意愿是长期的，而他们带来的朋友也会成为你的新客源，可以被发展为长期客户。

她听完点点头，决定回去思考一下如何提升产品和服务质量,维护好老客户。

管理大师彼得·德鲁克曾说:"衡量一个企业是否兴旺发达,只要回头看看其身后的新老客户的队伍有多长就一清二楚了。"

个人品牌也是如此,想要持续获得客源,不仅要做好引流工作,更要做好用户留存工作。

营销圈子里都在传一句话:"拉一个新用户的成本是稳住老用户成本的5倍。"

想要维护好和老用户的关系,减少用户流失率,我们可以从以下几方面入手。

第一,售后服务。作为个人品牌方,我们对用户的服务绝对不应该停止在对方付款的那瞬间,相反,从完成交易的那一刻起,才是服务的真正开始。相较于新用户而言,老用户已经做出过购买行为,已经有了对我们的个人品牌的一次信任,而我们需要做的,就是长期维护好这份信任。

售后服务不是在用户有疑问的时候才能进行,即使对方没有提出问题,我们也可以主动询问对方是否有需要帮助的地方,是否对产品和服务满意。如果对方不满意,我们就可以询问其是否有改进的意见或者建议。在帮助用户解决问题的同时,我们要尽量做到带给用户超预期的体验,因为人往往对超预期的事有较深的印象。超预期的体验更能强化用户对我们的信任,用户也会更愿意成为回头客,甚至向亲朋好友推荐我们。

我在开设课程时,都会在开课日之前提前了解报名学员的身份、职位和需求,甚至会和他们通过电话进行沟通,询问我可以帮他们实现什么目标。很多学员接到我的电话都表示非常欣喜,因为他们以为开课日才能正式交流课程内容,没想到我在开课前就已经对他们"嘘寒问暖"了。

我还会给微信读书上正在阅读我的书籍的读者朋友点赞甚至评论,他们往往会很激动,因为谁都不会想到自己在读的书被作者看见并点赞了。很多读者会加我为微信好友并发朋友圈,配图是我点赞的截图,配文是"终于加到作者了!第一次看见作者亲自点赞的……"渐渐地他们成了我的忠实读者,我出版的每一本新书,他们都会购买。

售后服务最能体现出你是否用心地对待用户。

美国著名记者劳伦斯曾到访日本,在返程途中购买了一个索尼随身听,因为时间紧急他没来得及拆开检验产品就匆匆坐飞机返回美国了。下飞机后他发现,他拿到的产品是一个没办法使用的"样板机"。劳伦斯火冒三丈,于是写了一篇题为《一个世界知名企业的骗局》的新闻稿,记录了他这次的被骗事件,打算第二天刊登到华盛顿邮报上。

但就在美国当地时间深夜两点,劳伦斯接到了索尼公司的越洋电话。电话的另一端是索尼公司的一个负责人，他向劳伦斯表达了深深的歉意。由于售货员的疏忽，公司将无法使用的样品机当作正品卖给了劳伦斯，现在打电话是想表达歉意，并且询问他的地址，给他重新邮寄一个随身听。

劳伦斯很惊讶，他只是匿名用现金购买了产品，甚至都没留下名字和联系方式，他非常好奇索尼公司是怎么找到他的。那个负责人解释说，索尼公司东京办事处派遣了二十多名员工，即刻走访了上百人，打了27个加急电话，就是为了找到劳伦斯的联系方式。

几天后，劳伦斯收到了跨洋而来的随身听以及一封正式的道歉信。在看完道歉信后，他撕毁了之前完成的新闻稿，重新写了一篇：《27个加急电话——一个优秀企业对信誉的挽救与维护》。

这个故事就是售后服务很好的案例。我也曾遇到过类似的事件：一位学员在在行付费和我预约咨询，结果我未提前说明原因就迟到了半个多小时。我接通电话时对方听起来有些生气，我连忙道歉，并赠送给对方一门价值几百元的线上课程，告诉他如果之后有任何问题都可以来找我，我会尽量帮他解决，他听到后态度才好转起来，笑呵呵地和我说没关系。

第二，用户回访。要与用户保持联系和互动，让用户记住你，提升你和用户的亲密度。用户回访一般可以分为两种：一种是产品体验回访，与即时售后服务不同，产品体验回访侧重于对用户使用产品一段时间后反馈的收集。用户的反馈有助于产品或服务的改进。另一种则是不定期回访，侧重在情感上拉近和用户的距离。这种回访包括但不限于节假日问候、用户生日祝福、邀请用户参加品牌的相关活动等。这样，在用户有需求的时候，他就能第一个想到你，想到你的品牌。

第三，感恩回馈。个人品牌可以和企业品牌一样，定期做一些感恩回馈老用户的活动，比如老用户可以用福利价格购置产品、邀请老用户参加新书签售会等，这样可以提高老用户的忠诚度，降低用户流失率。

第四，引导推广。在引流的新用户中，转化率最高的就是老用户裂变引流得到的用户。打造个人品牌时，我们要在适当的时机让老用户进行转介绍。当然，我们要选择合适的场景和时机，这样才能够事半功倍。

比如在老用户称赞品牌，或品牌做出了超预期的事情的时候，我们就可以在用户道谢时委婉地表示"如果觉得我提供的产品或者服务不错，欢迎多多推荐"的意思，人在愉悦时对他人提出的小而合理的要求，答应下来的概率更高。这时候你就可以适当地对用户进行引导，鼓励其给你介绍更多的用户。

曾经有机构做过这样的实验：他们随机走访了不同品牌的一些用户，既有满意的用户，也有不满意的用户。数据显示，平均每位满意的用户，会把他满意的消费经历告诉至少12个人，而在这12个人中，如果没有其他外部因素的干扰，有超过9人都向该用户表示，有机会一定会光临这个品牌。而平均每位不满意的用户，会把他不甚合心意的购买经历向至少10个朋友"吐槽"，这些人基本上都表示不愿意来购买这样的产品或服务。

我们在开设课程时，可以为推广拉新设置一定的激励措施，比如"老用户每拉新三人就能够享受一次6折购买机会""介绍三位朋友购买即可享受××服务一次"等。

稳定的老用户群体越大，品牌的营收越有保障。

 产品设计：痛点、痒点和爽点

从2020年开始，我就有健身的意识了，原因是我比之前胖了一些，而且注意力总是不集中，除了开会时间精神抖擞外,其他时间都感觉有些疲惫。

有一次,我和一位健身教练吃饭时聊到这个话题。我问他怎么让学员坚持健身,他说学员健身的目的主要是减肥和塑形,我说这两点都不能打动我,我会坚持不了。

我们接着往下聊。我说如果有一位健身教练告诉我健身除了能帮我减肥和塑形外,还能让我改善精神状态,那么我会有兴趣继续了解,因为他戳到了我的痛点,并且让我觉得很"爽"。

一个好的个人品牌,一款好的产品,必定有其独特的"卖点",这个"卖点"转化到用户需求上,可以拆解为三点:痛点,痒点,爽点。

痛点

一般来说,痛点是指尚未被满足的而又被广泛渴望的需求。人们为什么"痛"?因为如果需求不被满足,则会出现不好的后果,人们会因为恐惧、焦虑、担忧这些不好的后果而产生"痛点"。现在市面上大多数产品都是基于用户痛点出发而设计的。

痛点对应的问题大多是客观存在的,市场上有一条法则:谁先发现用户的痛点并解决它,谁就能在市场上获得先机,占取份额。

我的个人品牌为什么能做起来？因为在互联网时代企业和个人尤其需要内容营销，我主打的定位不是"文章写手"，也不是"短视频编导"，而是"爆款内容专家"，所以我可以帮助企业和个人解决品牌营销的问题，能帮他们搭建品牌内容团队并指导、培训他们如何做出爆款内容，通过爆款内容提升销售业绩。

兰启昌为什么做理财领域的个人品牌？他曾和我分享过选择理财领域的原因：他发现人生中90%的问题都与钱、财务状况相关。他在腾讯工作时曾与100多位同事交流过，发现他们即使拥有很高的学历、不错的收入，但在财务方面却没有正确的认知，在投资中亏了很多钱。他想通过分享自己的理财经验与认知，帮助大家解决投资亏损的痛点问题，因此决定做一个理财领域的知识IP。

秋叶为什么要将PPT作为个人品牌的切入点？因为这是大众的痛点，即便这个需求相对低频，但只要一旦出现，人们就会感到很"痛"。在需要进行工作汇报、商业路演、项目答辩时他们就会感到头疼，不知从何下手。

再列举一些企业品牌的例子：网约车解决了普通百姓打车难、打车贵的问题；共享单车解决了出行"最后一公里"的问题；元气森林找到了口感最接近食用糖分的代糖，解决了无糖气泡水不好喝的问题；WonderLab解决了代餐粉难喝的问题，为一众减脂增肌塑形的伙伴带来了福音。

这些革新都是在领域内做出重大改变的举措，解决了用户苦于没有解决方案而备受折磨的问题。市场份额的天平自然是倾向这类解决用户痛点问题的品牌。

有问题就会有解决办法，想要打造一款以解决用户痛点为目的的产品，有两种方法。一种是技术创新。比如20世纪60年代，IBM公司面临着巨大的计算机市场竞争压力，就采取了技术创新路线——投资近50亿美元，用于开发第三代计算机，即360系统计算机。这款计算机在1964年横空出世，运算速度与内存都比第二代计算机高了一个数量级，以实力碾压当时的一众计算机，使IBM的市场占有率获得了提升。另一种是模式创新。比如以前都是纸质书，你发明了电子书；以前都是阅读书籍，你发明了有声书、在线听书；以前都是自己买自行车，现在有了共享单车；以前都是去菜市场或者超市买菜，现在可以在线上下单，送货上门，等等。

痒点

痒点是比痛点更进一步的存在，是更加个性化的用户需求。知名产品经理梁宁对痒点的看法就是："所有能够帮你去塑造你的虚拟自我的产品，帮你去营造想象中的虚拟生活的投射，实现那个完美追求的一切，都在满足一个人的痒点。"

痒就是不痛，但也不爽，没有它不会难受，但满足了就会让人觉得很快乐。因此，痒点是比痛点更长期、更高级的追求，往往也会伴随着"性价比""个性化""高品质""私人定制"等关键词出现。

基于痒点来设计的产品与品牌，追求的是小众、高端、理想化。

举个例子，我们做内容都离不开社交媒体。现在市面上各类社交媒体基本上都是"精准算法推送"，每个用户收到的推送内容都不同。平台会基于不同用户的各类数据，预测其个性化需求，从而使用算法进行推送，以吸引用户目光，节省用户获取信息的时间，提高推送的信息品质，通过精细化运营，达到满足用户个性化需求的目的。

比如张萌是效率提升方面的专家，她解决的就是用户的痒点。对于不同的人来说，效率的区别在于高低，而非有无。张萌能够帮助用户在一定程度上提升效率，帮助用户追求一个曾经想达到但在现实中尚未达到的状态，即解决痒点。

基于痒点衍生出来的个人 IP 和产品，往往不是一次性满足用户需求，而是持续满足用户的需求。

比如同道大叔，他最初是因为在微博发布了一系列星座吐槽漫画而走红，他的内容主要是介绍星座，用户有长期了解的需求，而非今天看完即走的状态。

再比如理财 IP 生财有术，其会教用户如何处理和分配一些闲置的储蓄，这些资金可能本来也不会被立即用作周转或花销，只是普通储蓄。这个 IP 解决的就是让这些资金"钱生钱"，这对用户来讲并不是亟待解决的刚性需求，而是对现状的一种优化改进。

我们在打造个人品牌时，需要思考如何解决用户的痒点。比如，做英语教育，需要针对不同学员的不同情况，来提供个性化的服务，有人适合基础教学，有人适合培优提升；又或者做服饰定制，可以为不同用户打造个性化的服饰设计，量体裁衣，制作最适合用户体型与审美的服饰。

爽点

能够快速被满足并产生正反馈的需求，就是用户的爽点。

相对于痛点和痒点，爽点能让用户更快感受到需求被满足，所以爽点有"即时性"，即用户使用了产品，体验了服务，就会觉得"爽"。

我们可以通过提升服务能力来解决爽点，提高用户对产品或服务的满意度，比如开通线上客服、一对一跟踪使用体验等，快速解决用户在产品使用过程中遇到的各类问题。

比如，在写作图书时，我会在章节后加上思维导图或是思维落地总结，当读者读到这一部分时就会感到惊喜，因为他们的爽点得以被满足。

苹果公司的产品和服务就能够满足用户的爽点。比如，你在一台苹果的设备上阅读时，恰好这台设备没电了，需要充电，这时你就可以用同一个 Apple ID 下的其他设备进行"接力阅读"。你发现了好的图片保存了下来，iCloud 就能够帮助你将这张图片自动同步到其他同账号的设备中，还可以隔空投递。整个过程一气呵成，用户不需要自己反复折腾。

再比如，一些游戏、影视、娱乐行业的产品也大多是在解决用户的爽点。这些行业的产品能够给用户带来即时快感，你玩了游戏，看了电影，需求很快就能得到满足。

针对不同的行业和领域，我们可以从不同的点入手来设计产品。

痛点是"大众刚需"，是大部分人都需要解决的问题。医药、餐饮、教育等行业在设计产品时要优先考虑解决用户的痛点，在解决用户的痛点之前，先不要考虑痒点和爽点。比如,你想当英语老师,对于商务人士来说,"开口难"是他们的痛点,对于中学生来说,"考高分难"是他们的痛点,只要你能解决对应人群的痛点问题,你就可以拥有市场。

所有涉及对虚拟自我追求的产品在设计时都可以考虑解决用户痒点,从而超出用户预期。比如,你是美食专家,如果你可以教用户如何做出一桌色香味俱全的佳肴,那么你就可以拥有一部分追求精致生活的用户。

爽点是超预期需求,解决爽点能够让人短期就获得愉悦和满足。

解决痛点就是给用户雪中送炭,解决痒点是锦上添花,解决爽点则是让用户喜出望外。在设计个人IP的产品时,我们不能只看其中一点而忽略其他,而是三者都要兼顾,只是侧重不同。

当我们基于个人品牌定位选好产品设计的切入点后,就要考虑如何真正打造一款可创造营收的产品了。

设计产品的过程可以分为以下四个步骤。

第一步,明确需求,即"你最终的目标是什么"。明确需求是打造产品的基石,如果你都不清楚自己的品牌想要做一款什么产品,那这世界上没人能告诉你接下来要怎么做。

比如,"设计一门课"就是一个不够明确的目标。因为这门课的范围太广了:可以是线上课,只要有网络的人就能够参与,也可以是线下课,只有在固定的地点才能够参与;还可以是语数外辅导课,专为学生备战高考量身打造;也可以是职场晋升能力课程,更适合已经工作的职场人士,或正打算步入社会的大学生;还可以是情商提升课、IP打造训练课、冥想疗愈课……

尤其需要注意的是,课程的方向与品牌本身的定位不一定是完全一致的。课程的方向要更加细化,是个人品牌定位的一个子集,课程方向越详细、越清晰,之后的设计也就越轻松。

比如,我是内容从业者,我开设课程的时候不会直接定位为"爆款内容课",而是在我的领域内进行细分和拆解:我会开设"从零开始学写作"课程,教大家怎么从写作新手一点点学习新媒体写作;我会开设"爆款视频号"课程,带着志同道合的伙伴一起在视频号这个风口上放大自身价值;我会开设"爆款IP"课程,因为爆款内容终究是要依托在一个形象上,将个人打造成具有影响力的IP,就是我对爆款内容的延伸。每门课程就是我的产品,我会想好我要"做什么课",而不仅仅是"做一门课"。

第二步,明确目标用户群体。可能你会觉得我们总在拆分用户群体，在定位的时候不是刚刚拆分过吗？

是的。但是个人品牌定位的用户群体，却不一定是你的某款产品的用户群体。比如，我的个人品牌所对应的用户群体是新媒体从业人员，但我开设的写作课针对的是对写作能力有提升需求的人，在这门课中我会详细讲解如何写好一篇文章；我开设的视频号课程针对的是视频号内容生产者，帮他们掌握视频号的玩法；我开设的爆款 IP 课程针对的是对个人品牌打造有需求的人，在课程中我不会过多地讲解各种内容的玩法，而是带着学员弄清楚打造个人品牌的整个过程，而不仅仅是"如何做好内容"这一个环节。

第三步，竞品分析。我们要对市场上的竞品进行分析：这些产品是否存在明显的优点或缺点？能否满足目标用户的需求？目标用户认为这些产品的最大问题是什么？

分析出来的竞品的问题，就是你在做产品设计时需要规避的问题。就像查理·芒格在《穷查理宝典》一书中提到的，比起去研究富人为何变富，查理·芒格也会去研究那些从富人变成穷人的失败案例，当他弄清楚这些人是如何在投资中一步步耗尽自己的资产时，他就会在自己投资的过程中尽可能规避这些陷阱。同时，对竞品做得好的地方，我们也要学习，因为这些竞品已经帮你验证了市场。

在设计产品的时候,要取长补短,这样你才能开发出更能满足市场需求的好产品。

第四步,产品落地。在完成上述三步后,你就可以开始设计产品了。在这个过程中你要时刻谨记:要怎么做才能最大限度地优化产品的设计,从而让你的产品更能满足用户的需求,切实地解决他们的问题。一定要牢记,你所做的一切,都是源于用户的需求,不是凭空捏造、异想天开的。

价格锚定:3 招制定价格策略

在用户买单的过程中,他们不可避免地会遇到一个问题——价格差异。对于某款产品来说,市场上会有很多"卖家",他们提供的产品的外观、属性等都很相似,但价格却不尽相同。比如在英语教育行业,有新东方、英孚教育等,它们提供的都是英语教育服务,某些产品和服务类似,但价格却不一样。在机构选择方面,有的人认同新东方,有的人倾向于英孚教育,用户的认同感对用户的选择起着特殊的导向作用。在内部服务选择方面,有的人愿意花更高的价格选择会员服务，可以得到一对一指导；也有的人选择上大班课，一个老师面向很多学生。从服务来看：这两种服务不同，自然对应的价格也不一样，相较于会员服务，普通班的价格会更低。从个人选择来看：每个人都有需求，但是可以承担的价格或者说花费在这件事情上的金钱会不一样。而这些会受到用户所认为的市场供需情况和市场均衡价格的影响，也会受到他的经济能力的影响。所以，在价格方面，我们需要有一个整体的宏观把控和微观认知，从而更好地体现出我们的产品或者服务的价值。

也就是说，你的每一项产品或服务，都应该匹配和其价值相符的价格。

很多人在购买产品或服务时会比较在意品牌，这就好比在经济条件允许的范围内，你会选择一件名牌衣服而非地摊货，你会选择买一辆名牌汽车而非普通的代步车。一个知名的老师和一个普通的老师提供同一种服务，用户会更倾向于购买那个知名老师的服务。因为在人们的潜意识里面，当某个人比较有名或者已经做出一些成功案例时，他就是更让人信服的，更能够让用户自愿交钱报名的。

而这些，个人品牌都可以赋予你。你在定价方面一定要给出合理的价格，给出你的价格区间。这个价格是越高越好吗？未必。我们需要在明确成本的前提下，结合自身目前所处的阶段和用户心理进行定价。下面我介绍三种能够调动用户购买欲的心理，供大家参考。

第一，好奇心，对未知和不确定的追逐。好奇是一切动物的本能，这也是人类行为动机中最强的一种。在打造个人品牌的过程中，只要用户对"你是谁，你的个人品牌是什么，你能够为他们带来什么价值"感到非常好奇，那你就已经成功激起了对方的好奇心。反之，如果用户对你的个人品牌不感兴趣，那么你的个人品牌就很难吸引很多流量，更遑论精准流量。

如果你能够为用户提供新奇的、他们闻所未闻见所未见的东西，那他们就会感到好奇。人们总会对新奇的事物感到兴奋，想要试探着了解。同时，人们都不想被排除在外，不想全世界都知道了一件事，唯独自己不知道，这也是近几年网络热梗火爆的原因：有人设计了新的词语，或者对旧词进行了新解，如"干饭人""打工人""喜大普奔"等，就是在利用用户的好奇心理，驱使他们去了解新词、传播新词。

第二，饥饿感，限时限量带来的心理刺激。饥饿营销就是给产品的销售加上限制，从而给消费者一种"供不应求"的错觉，也就是俗话说的"物以稀为贵"。饥饿感往往搭建在用户已经对品牌或产品有好奇心的基础之上，发掘用户对产品的需求，并引导用户关注品牌，购买产品或者服务。

在2014年的"双11"活动中，小米在天猫平台创造了8项纪录。除了天猫官方对"双11"活动的造势宣传外，小米的破纪录更来自品牌本身。从创立品牌开始，小米就将饥饿营销作为营销方式之一，总是处于供不应求的状态，不管是新机型发售还是上架产品，都能营造出一种"100人抢1台"的架势。手机在当今社会几乎是人手一部，本身的市场需求量就相对较大，用户的"饥饿感"相对较强，再加上饥饿营销的策略，就能够刺激用户的购买欲望，并且精准吸引更多有需求的意向用户。

你也可以营造出一种产品或者服务"供不应求"的火爆状态，比如"限量100份，已售出98份，欲购从速""第一批产品已售罄，加售产品仅剩5件"等。在销售过程中加上诸多限制，就能够狠狠刺激用户的饥饿感，从而刺激消费。

第三，占便宜，追求"性价比"的本能。现在电商平台经常举办促销活动，这些活动往往能够吸引更多用户付费，因为活动促销价能给用户带来一种"这么便宜不买我就亏了"的心理状态，从而刺激消费。

个人品牌同样可以利用这种心理满足感。在出售产品或者服务前,你要先对产品或者服务的价格进行锚定;然后在此锚定价格的基础之上,适当加价作为对外标价,实际售出价格以锚定价格为准。比如:

本品牌咨询服务原价 2599 元,现价 1999 元,仅限 6 名。

产品买三送一,限量 500 份。(在四份产品的成本基础上加价,分摊给三份产品后即为产品标价)

同样地,在个人品牌打造的过程中你可以做限时秒杀活动,比如,原价是 199 元,在某个时间段限定 9.9 元,超过这个时间段就恢复原价。当然,如果你售卖的是一个训练营或是一门长期更新的课程,那么价格定为 9.9 元就会过低,且用户容易产生一种心理:这么低的价格,是不是提供的价值也不高呢?所以你也可以定一个更高的价格,比如 59 元或者 89 元,再通过早鸟价、福利优惠等方式来吸引用户。

给产品或者服务定价的过程,其实就是你和用户在进行心理博弈、玩心理战的过程。当用户愿意咨询你的产品或者服务时,说明他是认可你的价格的,只不过需要进一步促成合作。对于大多数人而言,他们迟早会为某一个东西而买单,只是时间的早晚罢了,因此,我们需要帮助对方做出抉择。

那么,定价的时候具体有哪些策略呢？

第一种,捆绑销售。

将产品或者服务打包销售。比如,美容院会推销 1000 元的会员卡,告诉用户总共可以获得几次服务,并且额外赠送礼品,其实算下来单次也只比不办会员卡低一点,但人们往往会选择办卡,他们一旦选择办卡就会成为美容院的长期客户。

我在设计门徒计划时,就是以 8000 多元的总价为门徒提供我一年的所有课程、资料、活动,以此方式获得长期、忠诚的用户。

第二种,魔力价格。

回想一下,你在超市见到的产品标价,你在手机中购买的知识付费项目,最常见的数字是什么呢？我相信你的回答大概率是"9"。我们可以看到很多商品的标价是 1.99 元、9.9 元、29.9 元,这些价格可以称为魔力价格,为什么要这样标价呢？因为在大多数人的潜意识里,9.9 是个位数,10 就是两位数,哪怕两者之间只差了 0.1,但 9.9 元就是更便宜。

魔力价格一般会以 9、99、98 或者 95 这样的数字为结尾,或者将这些数字加在小数点后面,让人感觉更优惠,进而购买。

第三种，价格线索。

在定价方面，要让用户有对比，这在经济学上叫作价格线索。你要让用户看到价格线索，线索可以是其他同类产品的价格，也可以是你提供的其他服务，一定要让用户有对比，让他们能顺着你给出的线索去接受你的价格。

在和他人谈合作或者在对课程进行宣传时，我一般都会告知对方我的常规收费是多少钱。比如，对于我的爆款个人 IP 课程，我会在文章中写道："我在在行上面的咨询费是 3999 元/小时，如果你购买我的爆款个人 IP 课程（3999 元），那你就可以用同样的价格听我好几节课，如果折合成咨询费的话，那你真的是赚翻了。"在这种情况下，用户基本上都会觉得购买课程是值得的。

此外，你还可以做一些时间段上的对比，告诉用户现在购买肯定是最划算的。但需要注意的是，划算不一定等于便宜，你要给用户带来的感知是：我现在提供的服务和之前提供的其他服务相比是更好的、更优惠的，以后只会越来越贵，或者名额会越来越稀缺。在时间轴上，此刻的价格就是整个价格曲线的凹点，前面的价格和后面的价格都是在高处。

如果你预期的价格为 59 元，但又担心用户认为太便宜没有很大的价值，那么你可以将价格设为159元，然后设计一个早鸟价，让用户通过对比觉得59元是个限时优惠。这就相当于商场里面的衣服，衣服的吊牌价是699元，这个时候如果写着打折价150元，那用户就会觉得便宜了很多，这其实也是价格锚定的效应。一个高价格的吊牌能够提升用户对价格的感知，用户会觉得原来这个东西值那么多钱，但现在只需要掏这么一点钱，就能够得到它。

在设计试听课的价格时，你不仅要考虑你的个人品牌在现阶段的影响力、行业内同等水平的课程的价格，同时也需要考虑到你的运营成本以及你的正课的销售利润。为什么很多财商课、理财课的试听课都是0.1元就能报名听课？因为这些课程的运营方都有成熟的运营体系，他们的运营成本较低，并且正课的价格通常都是几千元起步，利润空间大，所以他们愿意用低价课、免费课来吸引用户，一旦用户转化成功，那带来的利润是非常客可观的。

为什么我的试听课不会设置太低的价格？因为我更多的是在贩卖自己有限的时间和精力，虽然有几位同事一起辅助我，但他们的时间和精力也是有限的。另外，考虑到我的正课的价格不低，所以我们需要通过试听课的价格来筛选真正想学习的学员。

好的定价可以呈现你的价值，在不同阶段价格有高有低,但你要相信,你的价格一定会向你的价值靠近。做好个人品牌,你就能越来越"贵"。

 大众营销:口碑时代已来临

前段时间,我刷抖音时看到一个"营销鬼才"乌巴的故事:他用半年时间将一家不存在的餐厅做到了伦敦排行第一,又用三天时间让地摊牛仔裤成功进军巴黎时装周,成为新一代潮牌。

乌巴的本职工作就是在"猫头鹰"(英国网站,类似于国内的大众点评)为餐厅写评论。有一天,他突发奇想,把自己的出租屋伪装成餐厅,开通了餐厅网页,拍摄了根本不存在的菜肴照片,起了难以捉摸的菜名,就申请在"猫头鹰"上注册了。

然后,他请朋友们以用户的身份进行评论,并且给餐厅定下了"不接受点单,只能提前预订,用餐位置很少"等原则。三个月后,开始有真实顾客打电话预订餐厅,但都被乌巴以位置已满回绝了。

此后,乌巴又陆续收到了很多预订电话,从此便一发不可收拾,想要预订这家餐厅位置的人越来越多。该餐厅在猫头鹰上的排名也越来越高,一些社会名流、网络红人争相预订,也皆以失败告终。大众能在"猫头鹰"上看到的,只有"这家餐厅太难预订了,次次都说预订满了"的评论。几个月后,乌巴这家不存在的餐厅成了伦敦地区的餐厅第一名。然后,他接受了一些顶流顾客的预约,邀请他们来到破旧的"餐厅",蒙住顾客的眼睛制造神秘感,为的是不让他们发现自己经过的小道有多么脏乱差。接着乌巴又购买了快消食品,加热后送到顾客桌前,并安排了一些朋友对美食大声称赞。于是餐厅的口碑越来越好。

后来,乌巴又用同样的办法将地摊牛仔裤改造成自己的品牌,成功地打造了新IP,获得了巨大的市场份额。

乌巴的故事充分说明了口碑的重要性,口碑是你的高性价比"广告",用户给出的评价往往更吸引人。为什么呢?因为在新用户看来,他们和评价的用户是站在统一战线的,大家没有利益关系,说出的话也更有可信度;而我们作为品牌方,新用户会认为我们为了推销自己而不遗余力,因此不会过多相信我们。

个人品牌越是有名气,就越是要注意口碑。口碑就是大众对你的个人品牌以及产品、服务的评价,尤其是其中积极、正面的部分,这些都可以成为你的案例与实践成果的积累。

我推荐一个简单的公式：质量＋评价＝口碑。

良好的产品质量一定是口碑的基础。如果品牌已经有了一定的知名度，但没有好的产品作支撑，那么这种"知名度"就可能会成为一把刺向你的剑：没有产品的空壳"品牌"，是很难长久生存下去的。

有了好的产品质量，才会有更多优质的用户评价为品牌作证，而不是靠虚假营销刻意"刷好评""删差评"。用户们的利益是一致的，比起品牌的自吹自擂，他们更愿意相信站在统一战线的其他付费用户，所以用户自发的优质评价，其实就是在帮助品牌树立口碑。

雷军在复盘一路创办小米的历程时总结道，互联网时代企业最重要的七字诀窍就是：专注、极致、口碑、快。雷军认为，口碑的本质就是超越用户的期望值，不断做出超预期的事。小米的品牌就是靠着"米粉"们口口相传才传到了全世界。

利他主义：先给予后求回报

如何能做好个人品牌？一个核心：利他主义。

你一定要先想着利他，想着如何能够帮助对方成长更快、收获更多，真诚且乐意分享你所拥有的资源、认知与思维。大家对真诚总是有着敏锐的感知力的，如果你是真诚地分享自己的产品和想法，那么对方会欣然接受你的观点，因为他们感知到了你是站在他们的角度思考问题，知道他们需要什么。

真诚总能引起别人的好感。有些人掌握了一些方法，在分享时却藏着掖着，这也是能被受众感知到的。

当然，有这种藏着掖着行为的人，也走不了太远。他们害怕把自己的方法分享出去后别人就会超过自己，殊不知这种不够真诚的交往容易让自己失去潜在用户。我们在打造个人品牌，不能因为害怕被超越就拒绝分享，而是应该真诚地把自己知道的分享出来，再在反馈中飞速成长，这样才能走得更远。

有舍才有得，先给予后求回报。所有的得都来源于舍，所有的回报都来源于付出。

下面，我会介绍个人品牌变现的多种方式，你可以做咨询、做培训，也可以研发课程、写书，也可以策划"巴菲特午餐"那样的标志性事件……你只需要做好其中一到两种就够了。就像我，只是把写书这一点无限放大就能够让很多人知道"吕白＝爆款"这个品牌。

你每走一小步都是在提升你的影响力，每做一件事都是在为你的定位服务。

咨询：个性化定制解决方案

启动咨询：从无到有，从有到精

我有一个学员想做职业生涯规划咨询，她特别希望能很快有自己的种子用户，从而靠个人品牌赚取第一桶金。她一直在思考如何开始，如何定价。

我告诉她，做个人品牌的逻辑不是这样的，你不能一下子想要的太多，而做得太少。

这其实是常人都会犯的错误。在有了个人品牌定位后，不是马上就会有人来找你付费咨询，你需要在没有名气的时候积累足够多的案例，你需要脚踏实地，"不积跬步无以至千里"。

因此，咨询的核心是先卖出去，而不是卖高价。

怎么卖出去呢？你可以在朋友圈发"一杯咖啡的价格，你愿不愿意找我来做咨询"。

兔子从上大学时就开始做咨询服务了，她是怎么启动的呢？

兔子的做法是，经常在朋友圈发一些生活、感悟、工作、别人的夸奖、获得的奖项等方面的内容，和前面所说的自己夸自己、别人夸自己的方法很像。她在大三的时候发过朋友圈,说明自己在做 HR 实习,看到很多简历做得不太好,所以可以免费帮人修改简历。在帮人修改了十多份简历之后,她就开始设定费用,把价格定到了 99 元一份。不久后,她就尝试通过直播上课,一个人收费 29.9 元,从而对用户进行了一波筛选。慢慢地她又把简历修改咨询服务涨到两三百元一次。

  兔子还会在一些闲暇时刻发朋友圈来发起咨询服务挑战。比如,她在高铁上发起过一个"10 元包一天"的咨询服务。在坐高铁的过程中,一共有 18 个人找她咨询,下火车前她又把这些内容整理成要点发了一次朋友圈,有人看到后很感兴趣,又来找她咨询。就这样,她在她的圈子里让大家形成了她可以做付费咨询的印象。

> **兔子君**
> 今天在高铁上从10点到18点共计10小时
> 集中接了18人的付费咨询
> 至少一半人从上午10点聊到刚才
>
> 其中
> 16人咨询了职业规划/考研和工作的选择
> 4人咨询了情感交流
> 6人咨询了如何成为更好更开心的自己
>
> 感谢呀 ✨
>
>
>
> 石家庄·快到北京啦
> 2020年10月7日 下午8:01　删除

所以，咨询的核心是要先免费或低价，先有种子用户，先有案例积累，先让你被足够多的人看到，然后你再慢慢涨价。

在领域内有了一定的知名度之后，你就可以开始借助平台来开展付费咨询项目了，因为平台可以帮你筛选出更精准、更有付费意向的用户。大家在做个人品牌时，一定要想清楚方向，想清楚你的目标用户是谁，一定要找到付费能力较高的人群。这点兔子做得就不太好，她的主要目标客户是大学生，大学生的付费能力是比较低的。

我早期是在"在行"这个平台开设了新媒体咨询服务，价格是399元/小时。在"在行"这个平台积累了一定的口碑之后，我又开设了新的咨询服务，比如求职咨询、个人定位、私教服务等，这时候我的咨询费用已经上涨到3999元/小时。

第三部分 变现：个人品牌的商业价值

< 吕白   ↗

擅长话题

普通人如何快速写出 10 万 + 的爆文？

我与你分享：10 万 +、100 万 + 爆文，
写作六大武器：选题、标题、结构、开头、场景、……

¥999 起   98 人约聊过

私教：如何搭建内容团队

时间设置：本系列课程为期 3 个月，3 个月内我会线下（如果你在北京）/线上约见你（或者你不在北京）4 次，每次……

¥8888   9 人约聊过

如何打造一个爆款知识付费课程/书

1. 如何定位自己的课程：课程卖得好不好 80% 取决于你有没有一个差异化的定位。能卖 100 万元，还是卖 50 万元，要……

¥999 起   66 人约聊过

如何成为短视频行业头部网红

我们聊什么：……

¥999 起   55 人约聊过

如何打造爆款品牌？

话题要点：
从完美日记到泡泡玛特，品牌成长与传播，已不再通过传……

¥999 起   3 人约聊过

♡ 1373   🎧 客服   一键约聊

我可以和你一同应对：
1．平台定位：选择哪些赛道传播，能千万倍放大你的产品（服务）价值？
2．爆款生产：微信、微博、抖音、小红书如何能够规模化做成亿万级品牌曝光？
3．成本控制：如何控制预算，优化传播ROI？
4．人员对接：如何用数据和情感说服老板及客户，如何搭建内容团队？

为什么我可以做到？
1．燕京啤酒微信广告全案主策划：撰写的《曾帮我打架的兄弟，现在和我不再联系》，获得300万+阅读量（微信公众号广告最高阅读量），且被《人民日报》、新华社瞭望智库、《半月谈》《中国日报》等多家权威媒体转发，被十点读书，HUGO等近百个自媒体转发，创造微信公众号近1亿+阅读，全网超级爆款。

2．皇包车（C+轮独角兽）首席运营官：带领毫无经验的大学生，2周内做出每周60万点赞的爆款小红书内容。

3．巴拉巴拉内容顾问：提供微博等平台品牌传播策略建议，其传播主题"绒我撒野""敦煌传播国潮方向"等，全网累计数十亿阅读量。

4．担任121融媒体(中国传媒大学理事单位)内容顾问：帮助公司起死回生，从零建立内容中台战略，统筹60+内容团队，帮助500家市县级电视台打造全平台融媒体建设██

在品牌传播和团队搭建方向，既可以和你一起制定出高效的布局策略，节省你的时间成本，还可以和你分享从提案到落地的实操经验，全部都是可复制的。

¥999	一键约聊

选择约聊方式

语音电话	线下约见(北京)
1对1通话(约30分钟)	1对1面谈(约1小时)
¥999	¥3999

做好咨询：因人而异，留档跟进

下面，我为你梳理了搭建咨询体系的几个步骤，尤其适合想从零开始做咨询服务的朋友。

第一步，想好你的价位。这个在前文也提到了，初期可以从低价开始，9.9 元、19.9 元、29.9 元都可以。这点和课程是一样的，先有初期价格，然后考虑阶梯式涨价，一般有满额涨价和超时涨价两种方式。满额涨价，即满一定名额就自动涨价，比如每满 5 个学员涨 100 元；超时涨价，即到一定时间就自动涨价，对应的有早鸟价和正课价，早鸟价可以促使用户尽早下单，享受早期福利优惠。

通过这些方法，你就可以让你的咨询服务的价位不断往上抬升。

第二步，写好引流文章，做好宣发工作。你需要介绍清楚你是谁，你做了什么，站在用户的角度说明你能提供什么服务，为什么有资格提供这样的服务。你需要想清楚，用户想通过咨询解决什么问题，比如用户寻求职业咨询是想解决职业生涯探索方面的问题。你需要从用户的角度来解答，而非自嗨。引流文章写好之后，你可以选择对应的平台进行宣传和扩散，找到你的潜在目标用户。

第三步，确认咨询形式。有的咨询是文字形式，有的咨询是语音形式，有的咨询是视频形式，有的咨询是线下面谈的形式。一般来讲，不同的咨询形式对应的价格不一样，比如线下面谈的形式肯定比文字形式更贵。

第四步，借助相关领域的专业工具。如果你做的是心理咨询，或者是职业咨询，那么你可以借助盖洛普优势测评、DICS性格测试、MBTI职业测试、SWOT分析法则等工具，在咨询前或咨询过程中让用户进行测评，这样一来可以体现你的专业性，二来可以为用户提供更好的服务。如果你想教人做短视频，那么你可以把一些专业的剪辑工具或者专业的短视频教学平台、数据分析平台推荐给对方。

第五步，有意识地留档和跟进。这里的留档并不是指你要截图发朋友圈，而是在完成咨询后写的内容记录。这可以让用户感到你的咨询服务有始有终，而且他下次来找你咨询时，你也可以查询之前的档案，以便进行跟进。

第六步，在积累了足够多的案例后，你要扩大自己的影响力，你可以借助平台发力，比如"在行"。

做咨询还有一个好处：你可以在别人身上看到你自己。

我在做咨询时除了解答对方的疑问，还会跳出来看自己，我能在很多人身上看到自己的影子，看到曾经的自己，或是即将陷入同样误区的自己，然后我会警惕自己出现这样的问题，我会问自己，我如何做才不会那样。所以，给别人做咨询，也是在给自己做咨询，当你见了足够多的案例之后，你就会更了解事物的本质，更能探寻生活的真谛。

这些咨询案例能够给你积累很多素材。如果你想出版一本相关图书，那么这些咨询素材可以作为案例加入书中，让图书的内容更加有说服力；如果你想开设一门相关的课程，那么这些素材可以给学员招生和课程内容提供支持……慢慢地，你就可以根据自己的发展情况，逐渐提高自己的客单价，来找你咨询的客户的质量也会越来越高，你的个人品牌的层次也就会越来越高。

培训：让时间产生复利效应

寻求机会：分享升级，价值翻倍

培训和咨询不同的地方在于，咨询基本上是一对一，而培训基本上是一对多。培训其实算是另一种咨询，只是你的客户不再是单一的人,而是一个团队,可能这个团队有一些共性的问题需要向你咨询,你要做的就是向整个团队解释清楚这些问题。

为什么很多公司都喜欢付费请人来做培训呢?一方面可能是因为公司内确实没有相关的人才,需要请更厉害的人来为所有人做指导;另一方面可能是请公司内部的人来做培训不容易成功,因为员工有的时候会不信服自己的同事,反而更容易接受外来讲师。

从某种程度上来说,培训其实就是升级版的咨询,它可以让你的时间更有价值。同样是两个小时的咨询,如果你分享给一个人,那就只有一个人受益,最多也就将这一个人转化为粉丝,或者升级为后续付费用户;如果你分享给100个人,而且分享得又足够精彩,那么你就有可能通过这场分享吸引50个粉丝,这50个粉丝中又有20个能够转化为你的付费用户。所以培训的本质,其实就是让你的时间产生复利效应。你从中获得的收益会远高于个人咨询。

2018年,刚从新媒体内容公司出来时,我还没有什么名气。当时有一个在腾讯工作的朋友和我说腾讯要组织一场关于内容方面的培训,我说我可以给他们做免费的培训。培训后,我收到了很多正面的反馈,还有不少人转化为我的粉丝。后来,当时参加培训的人中有一个人跳槽去了百度,他发现百度需要同样的培训,所以就和我说,想付费请我去百度做培训。

当时我又做了一件事,就是把培训费减半了,他很惊讶地问我为什么。我说:"我很感谢你能邀请我,这样吧,你帮我多宣传宣传就行。"他也很高兴,毕竟可以少花一半的钱做成这件事。那场培训同样是好评如潮。

这样一来,我就有了给腾讯和百度两大巨头做培训的经历,于是我在培训市场上的客单价就越来越高,请我做培训的公司也越来越多。

所以，在你刚开始做培训业务的时候，一定要秉持利他主义，要敢于免费或低价做培训，积累案例。

可能又有人要问了："吕白老师，你已经有一定名气了，所以别人会邀请你，我怎么才能让第一家公司来邀请我呢？"

我想告诉你的是：不要把所有培训都当成是一件多么大、多么正式的事情，其实很多培训都是在社群中开展的，你可以先接受某个社群的邀请，在社群尤其是付费社群先做分享。

当你用心地去做分享的时候，社群中的人就会受到你的影响，他们会记住你这个人，也知道你主攻的是什么领域，你的个人定位是什么。有了这些经历后，你的机会慢慢就来了。

做好培训：用互动代替单方面输出

2021年3月，我受邀前往"熊猫不走"蛋糕公司进行新媒体培训。在沟通需求阶段，负责人希望我用一天时间把所有内容平台都讲一遍。但是按照这个方案，时间会极其紧张，培训效果也不会太好。经过协商，最终我们确定重点讲微信公众号和小红书，对于其他平台简单介绍即可。

那么，我们该如何做好一场培训呢？

很多人以为培训是讲师单方面输出，但事实上，培训是由讲师、公司负责人、学员共同完成的。一个优秀的讲师会在培训前沟通好需求，确定受众最需要的知识点；此外，还需要充分调研受众的业务水平、理解能力。隔行如隔山，我们觉得非常简单的东西，受众却有可能根本不知道。所以我们要好好想一想，如何让受众听懂、如何让培训内容对他们更有帮助，而不是自嗨。

除了沟通需求，我们还应该在培训开始前认真备课。根据我的经验，我推荐大家按照下列步骤来完成一次备课：列思维导图，准备PPT课件，提前演练并整理讲稿。

第一步，我会利用思维导图梳理知识体系。选择思维导图是因为我能够利用它快速区分内容的主次。相比之下，传统的word文档往往会让我陷入细节，但其实一场好的培训更应该注重整体逻辑框架。

第二步，我会自己或请助理、团队做好PPT课件。最初我是亲手做PPT，因为我担心别人做得不符合我的要求。但是后来我发现，我并不擅长做PPT，同时这件琐事也会让我分心。于是，我开始聚焦自己的优势，只讲清内容底层逻辑。而对于PPT的制作和优化等，我会交给更专业的人去做。

第三步，提前演练并整理讲稿。我推荐大家准备一个录音笔，提前模拟培训现场，讲一遍内容并录音；之后，用语音识别软件把录音转化成文字；再之后，我会让助理针对文本进行调整和修改，整理出讲稿。有了讲稿，我的脑海里就有了清晰的节奏——讲到A之后，就该讲B了。

在培训中，我会根据受众的反馈，随时调整互动话术，避免提及过于专业的术语。如果说书籍是一场电影，那培训就是一场话剧。每换一批听众，我就会调整说话风格。在这方面，我也有一些心得想传授给大家。

首先，我会由浅入深地讲。当我想讲爆款的底层逻辑时，我会先从受众所在领域的爆款案例讲起，然后给大家分析这些案例为什么能成为爆款，最后我才会去总结整个平台的做法。因为本领域的爆款和公司高度相关，因此一下子就能抓住大家的注意力，大家也会更多地去联系自身业务。

其次，讲到重点时，我会停顿一下。例如，当我讲到"爆款是重复的"这个知识点时，我就会停下来，看看受众的反应。如果台下大多数受众都表示不理解，那我就会进一步分析，为什么爆款是重复的，哪些爆款是重复的，直到大家能记住这句话为止。

最后，我会有节奏地安排内容。在我看来，培训需要注意三件事：有趣、有料、有心。有趣就是在严肃内容中穿插一些段子和互动环节，让大家有亲切感和参与感；有料就是输出自己的经验和干货，真正帮助到受众；有心就是紧跟热点，给出吸引受众注意力的新案例。

有关互动环节，我想讲一个小插曲。我给"熊猫不走"蛋糕公司做培训之前，准备了几本自己的书籍——《从零开始做内容》，打算在提问环节赠送给积极问问题的学员。没想到，这本书他们公司早就人手一本了。

送书其实是我做个人品牌的小秘诀。送书不仅能提高学员的满意度和参与感，还能对自身的个人品牌进行传播。除了送书，我还会放上我的微信公众号的二维码和我在其他平台上的账号，告诉他们只要关注微信公众号，就能在后台领取各种小福利，比如PPT、案例、模板、电子书等，这是学员最喜欢的。

我们为什么要设计互动环节呢？因为职场人的时间和精力都是有限的，他们很难像学生一样长期保持专注。我在培训中更希望学员能积极参与互动，而不是单纯听课。这样效果也不一定好。

如何让学员愿意互动呢？除了常规的提问，我给大家推荐一些我常用的互动方式。

（1）演示法。我会随机给出几个词汇，让受众发挥想象力，组合出一个爆款标题。

（2）测试法。我会列出好几种做内容的思路，让受众猜猜哪种思路最好，测试一下他们对爆款的理解水平。

（3）比拼法。我会让受众分成几个小组，模拟一篇内容的制作流程，然后让大家评分，看看哪一组的内容最好。

培训结束后，为了让受众印象更深刻，我还会留下思考题，让大家想想在培训中学到了什么。

大家一定要时刻树立个人品牌意识，利用培训来放大我们的影响力。在培训现场，主办方往往会组织拍照；如果主办方没有组织，那你可以主动提出和在场学员合影留念。这些照片可以放进你下次的PPT里，用作你的案例积累；同时，你也可以把照片发在朋友圈，让大家知道你在做培训这件事，吸引更多客源。

很多人以为培训完就结束了，其实回访环节也非常重要。我们可以在课程结束后，直接和负责培训的领导一对一谈话，也可以让他们帮助发放调查问卷，了解受众对这场培训的看法。

设置回访环节，首先是为了客观评判我们的培训质量：观点有没有讲清楚？案例是不是足够生动？受众对哪个部分印象最深？其次也是为了更好地维护和开拓客源。我们一定要问清楚：后续是否有长期合作的机会？负责人能不能再帮我们介绍更多客户？

回访后,我们还要复盘优化,看看哪些内容可以纳入下次的课件,哪些内容需要舍弃。其实,培训也是个"小步快跑、不断迭代"的过程,课件、课程环节、素材库都要反复迭代。

课程:设计付费课程体系

很多做个人品牌的人,都会开设自己的课程,比如,我的学员中有开设心理疗愈课程的,有开设职场晋升课程的,有开设穿搭形象课程的,有开设写作能力提升课程的,等等。那么我们怎么从零开始做课程呢?已经做了课程的IP,又如何来优化呢?

在这里,我和大家分享以下几个步骤:找问题、搭框架、确定课程的形式和服务,限定名额招生,不断迭代和优化。

第一步,你需要找到1000个真实存在的问题。你可以通过知乎、小红书、抖音、微信公众号等平台搜索相关领域的1000个问题,看一下大家最关心的问题都有哪些,合并同类项之后看看这些问题可以分为几大类。比如,你可以在职场领域找到很多高赞细分话题，但其实讲来讲去涉及的问题无非就是如何向上管理、如何处理工作项目、如何跳槽求职，如何升职加薪，然后你再根据这几个大类来梳理课程结构，这样你才能够让你的学员学有所得。

设计课程体系时，你需要思考清楚这几个问题。

第一，想清楚课程目标。你的课程要解决什么用户的什么问题？这个问题一定要具体、细化。

第二，想清楚课程周期。偏理论的课程建议开设周期为一周，比较适合学员快速地消化课程内容；偏实操的课程建议开设周期为2~3周。一般来说，课程的开设周期不要超过三周，超过三周的话，学员的时间和精力都会难以保证，除非你的学员是高度自觉且在相关领域有紧急需求的人，否则后期的积极性一般都会大打折扣。

第三，在确定课程框架后，如何设计单节课的内容呢？首先你可以根据收集到的问题列出提纲并写下关键回答。接着，你可以模拟讲课并且录音，然后把录音转成讲稿并进行润色和优化。

有了完整的思路和讲稿后，你就可以润色你的PPT以及相关的文档资料了，同时思考学员需要什么内容。如果你开设的是短视频训练营，你想教人怎么写脚本，那么你可以给出对应的脚本模板；如果你开设的是读书训练营，你想教人怎么拆解书籍并写出一篇书评,那么你可以给出几篇你写好的书评。

第二步,你需要确定服务形式。你是采取音频、视频录播课的形式来授课,还是采取社群语音讲座或者是线下形式来授课,有没有其他附加服务,这些都需要提前想清楚。如果你有社群,你还需要思考一下谁来帮你运营,在遇到问题时谁来进行解答。另外,你还需要考虑课程中是否设置答疑环节,让学员在学习的过程中提出自己的问题。

第三步,在确定了课程的大框架后,你就可以开始招生了。你可以通过前面所说的发朋友圈的方式招生,也可以通过微信公众号等各种渠道引流招生。在招生时,你可以采取一些营销手段,比如限定名额、限定时间、给优惠福利、晒学员报名截图等。

第四步,开课后,建议你对课程进行不断的迭代和优化。在上课过程中,你可能会发现课程内容有不完善的地方,另外,学员也可能会对课程内容提出意见和建议,这时,你就需要对课程内容进行调整,从而更好地实现课程目标。比如,在我的爆款 IP 课程中,我会讲如何出书、如何做好图书的营销,原来的内容不是特别详细,但因为学员问得比较多,所以我对这部分内容进行了细化,和学员分享了更多的实操方案。

出版：形成你的护城河

打造个人品牌的人，一定要出版至少一本图书。因为图书是很好的获客渠道，它能帮你扩大影响力，能帮你构建自己的护城河，能给你带来源源不断的精准客户。

最近几年，我出版了多本图书，并且卖得还都不错。在这里我会和你分享如何出版第一本书、如何写好一本书、如何卖火一本书，希望能帮到你。

出版第一本书：高知名度是出版的前提

如何出版第一本书呢？

首先，你可以去当当、京东等网站上去看图书销售的排行榜，了解什么品类、什么图书卖得最好。这一步是教你如何从编辑的角度思考出版社需要什么书，从读者的角度思考他们需要什么书。

其次，你可以结合你的个人定位和图书销售的排行榜，确定一个你要出版的图书的方向，然后在这个方向上建立一定的知名度。比如，你可以去知乎上回答这个方向的热门问题，想方设法让你的回答能够得到至少1万个赞。你还可以去微博上努力获得至少 20 万粉丝。这一步是为了证明你是该方向的"大 V",证明你在该方向上有一定的粉丝和影响力。

最后,在把前面两步做好,铺垫好个人影响力后,你就可以去找一些出版社谈合作。你要让出版社看到,你做的方向是符合大众需求的,你在该方向是有影响力的,你是相对专业的。

以我为例,我的第一本书是《30 岁之前,你还有多少成功的机会》。在写这本书时,我去看了很多励志类书籍,发现大家很关心这种逆袭故事,而我正好也有这方面的经历。

后来,我运用中点思维出版了第二本书《人人都能学会的刷屏文案写作技巧》。中点思维就是指,当你想实现目标 A 时,如果不能直接达到目的,那么你可以先找一个中点 B,通过 B 来实现目标 A。

如果我直接去找出版社,说我想出版这本书,大概率是会被出版社拒绝的,因为当时我在这个领域还没有什么名气。所以我当时就找了一个中点,先把内容做成课程,然后给出版社看了课程的销售数据,从而证明把这些内容作为图书来出版,销量也会很好。

写好一本书：互动式写作提高效率

写作不能闭门造车。你不能用写作时间的长短来衡量一本书的好坏，而应该看它有没有满足读者的需求。

在写作过程中，我摸索出了互动式写作的方法。

在写作一本书时，我会先在全网搜集至少 1000 个相关问题，并对这些问题进行分类。

然后，我会让助理问我这些问题，我来回答，用问答的方式来给出我的答案和想法。在问答的过程中我会录音，之后将录音转成文字稿。

同时，我会把以前咨询或者培训的内容放在书里。比如，在给人做咨询时我会征求客户的意见进行录音，在给他人进行培训时我也会录音，将这些录音转成文字其实就是很好的图书内容素材。

做完上面的工作后，图书的初稿基本上就写出来了。之后我还会补充名人案例，从而提高书稿质量。

互动式写作可以让我了解到更多人的想法，让我知道他们需要什么样的书，那我就来写作对应的书，找对了写作方式，事半功倍。

写作时还要有引流思维。比如，我在书的作者简介处会写清楚我的定位和获得的荣誉、奖项，还会附上我的微信公众号的二维码，有意引导读者进行关注。比如，我在《从零开始做内容》这本书的封面上就放上了微信公众号的二维码，旁边附上文字：扫码回复"2"，按提示可免费加入价值299元的付费社群。

这样做的好处是：第一，我给出了明确的引导，看了我的书觉得不错的读者就会扫码关注我的微信公众号，而我在微信公众号中也设计了一些扫码进群、加助理微信详聊的引导语，一个一步步将粉丝引入私域流量池的链路就此形成；第二，给那些喜欢我的书同时也想和我有更多交流却找不到联系方式的读者一个清晰的指引，告诉他们如何联系到我，欢迎来沟通。这其实就是售后服务的一种，你的潜在客户可能有很多，但有时候会因为服务不到位而导致客户流失，如果不通过引流思维来引导转化，那么就会有很多对作者有兴趣却找不到或者懒得找入口的客户白白流失，图书的获客作用就会大打折扣了。

卖火一本书：良好的口碑是销量的保障

第一本书一定要卖好。在图书出版之前，你可以和出版社的编辑说你在相关领域多么专业、多么有影响力，但是只要你的第一本书出版了，一旦卖不好，那么一般来说你就很难有机会出版第二本、第三本书了，因为此刻你再说什么都显得苍白无力，事实胜于雄辩。

那么要把一本书卖好，具体要怎么做呢？

出版前，你最好是能找到相关领域的大咖（知名人物、知名作家、商业大佬等）给你的书做推荐，这样可以起到背书的作用。

出版后，你要做好图书的口碑建设。

你需要保证你的书在全网有至少 1000 个好评，因为好评就代表着大众口碑，你的书有了足够多的好评才能被口口相传。这些好评从哪里来呢？

你可以把这 1000 个好评进行拆解。比如，出版一本书后，我会通过朋友圈送几百本书给粉丝，粉丝收到书籍后一般都会给好评，他们会主动在朋友圈或者微博晒书，也会去豆瓣、当当等网站上去写评论。

另外，我还会和微博的大 V 合作赠书（一二百本），因为自己的流量是有限的，你需要通过更多的入口让大家看到你的书。他们只要在微博上看到你的书，接着可能就会在淘宝、抖音、微信甚至线下书店等其他地方看到你的书，当你书被推荐三次时，他们就很有可能会买来看看。在这部分读者中，也会产生一些好评。

同时，我还会把书送给有小红书账号的粉丝，或者在小红书上找一些推书单的博主，让他们帮忙写推荐笔记。

总之，我会想尽各种办法，来让更多的人看到我的书，让我的书卖火。

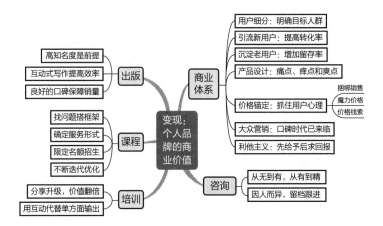

答　疑

在写这本书之前，我做过 500 多个有关个人品牌咨询的案例，也开设过有关个人品牌的课程，帮助 50 多个已有个人品牌影响力基础的学员对个人品牌的打造进行了改进。下面是我们在日常交流和专场答疑中的问题合集，我精选了大家最常遇到的、最关心的几十个问题，并进行了回答，相信对你也会有帮助。

理论问题

Q：小红书笔记有图文和视频两种形式，我是应该做图文笔记还是应该做视频笔记，或者是二者都做呢？

A：你要相信一件事，**爆款是有概率的**，就算是我本人去做，也不能保证每一条笔记都会火，而且一条笔记能不能火，和博主（出镜的人）也有很大的关系。比如，我之前做英语教育类账号时，就是让很多外教老师同时拍相同的脚本，有的账号火了，有的账号就没火。所以，我建议开始时**图文笔记和视频笔记都要做**，你需要发足够多的笔记，来完成小红书的冷启动，然后再根据笔记的数据来

答 疑

判断是以图文笔记为重点还是以视频笔记为重点。

Q：为什么知乎的最高赞答案不一定排在所有答案的最前面？

A：知乎的系统推荐法则是**给新答案机会**，所以不是说赞越多的答案排序就越靠前。

Q：我看到抖音上有很多短视频，标题很好，内容一般，但是却成了爆款，这是为什么呢？

A：你可以去看一下这些视频下面点赞最高的前五条评论，就知道它们为什么能火了，原因往往隐藏在高赞评论中。

Q：我的微信号是新号，没有好友，可以做视频号的冷启动吗？

A：没有问题的。因为**视频号的推荐机制是算法推荐+社交推荐**，你可以用你的老号给新号的视频点赞，这样你的老号的好友就都能看到这条视频了，所以**即使你的微信号是新号，也可以做视频号的冷启动**。

Q：我想学习录播课，有没有推荐的平台？

A：**千聊**，可以免费上课，必须下载 **App**，网页版不稳定；**小鹅通**，需要开付费会员。

Q：在写书的过程中，我需要在朋友圈提前做一些铺垫和预热吗？

A：这个很有必要。你要一直吊着粉丝的胃口，或者发个前言，或者告诉粉丝今天写到第几章了，书的封面设计出来后也可以发出来，等等。

Q：我想组织一个读书训练营社群，于是发了一条朋友圈，按老师说的以低价开始服务，规则是9.9元进群，完成作业后可退全款，请问这样设计合理吗？

A：个人觉得，9.9元的价格和全额退款两者有点"互斥"，因为从用户的角度来看，他们不会为了能够全额退款而做出什么特别的动作，所以"全额退款"对他们没有吸引力。刚开始做个人品牌时，你可以采取一些低价手段，但是要和你的规则、玩法能对应上，并且也需要考虑到价格锚定。

Q：您觉得视频号互推互粉的方法如何？

A：不推荐。互推互粉的方法可以在冷启动的阶段使用，但不能将其作为涨粉的核心手段。

Q：您推荐做百度账号吗？

A：不推荐。因为百度的主营业务是搜索，不合适打造个人IP。

Q：您觉得喜马拉雅这种音频平台怎么样？张萌之前在喜马拉雅就蛮火的。

A：喜马拉雅是收费平台，普通人上去讲几乎都没什么流量。张萌是先有了名气，然后喜马拉雅邀请她去的。

答疑

如果你没有什么名气，喜马拉雅是不会邀请你的，你在上面也变现不了。所以，喜马拉雅这个平台不适合刚开始做个人品牌的人，你现在需要做的是让自己更有名气。

Q：我想通过知乎引流，是不是可以不用自己发布文章，回答其他人的问题就可以了？

A：在知乎上，90% 的流量都是问题带来的，你可以回答其他人的问题，然后把流量导入你的私域流量池中。

Q：在一个圈子中待久了，我会觉得圈子中其他人的想法很幼稚，这正常吗？

A：这很正常。当你觉得圈子中其他人的想法都很幼稚的时候，说明你在进步。如果在一个圈子里待了 5 年，你还是觉得其他人很厉害，则说明你没有什么进步。

实操问题

Q：为什么大多数知识类短视频都不用动画的形式来呈现呢？

A：第一是不适合，效果不好；第二是成本高；第三是制作周期长，会影响视频的更新频率。

Q：在做短视频账号时，如果请演员来演，但是演员班子不能长期固定，中途换演员是不是个很致命的问题？如果粉丝关注我的账号是因为喜欢某个演员，那么换了演员的话，账号会不会大量掉粉？

A：其实这就类似于明星和经纪公司的关系，最后双方可能是两败俱伤。所以说，在你的短视频中，你**最好自己做演员**，把自己打造成 IP，这是可控的。

Q：关于朋友圈营销，能不能详细讲一讲要怎么做？

A：朋友圈营销的本质就是**你先找到你的个人品牌的定位，然后让别人相信，你就是这种人**。比如，我的定位是"吕白＝爆款"，那我就在朋友圈发布相关内容：我做的账号涨了多少粉丝，我获得了哪些和新媒体相关的奖项，我出版了哪些相关的图书，我的学员反馈了什么内容……我甚至把我的朋友圈背景封面都换成了这句话，这些都在证明一件事情：吕白＝爆款。

Q：我想做视频号，应该如何去做呢？

A：你要先找一个对标账号，然后快速分析一下这个账号比较火的视频是哪几条，比如，你的对标账号可能发布了 500 条视频，但它上热门的视频可能也就 5 条。找出这 5 条视频后，你要拆解一下这 5 条视频为什么会火，看一下它们的选题、标题、内容、高赞评论分别是什么，然后再去拍摄和剪辑。

Q：我在朋友圈中发布了引流文章，写明了我在开展相关业务，但是却没有人来咨询，这是为什么呢？

A：首先，你要先看一下你的朋友圈是否被大多数好

答疑

友看到了。比如，你的微信好友有 2000 人，你要确保至少 1000 个好友都看到了你的朋友圈，如果没有，那么你可以通过群发、提高发朋友圈的频率等方法来确保你的朋友圈的覆盖率足够高。其次，你要看一下你的微信好友是否足够多（至少 1000 人）、是否足够精准，如果达不到要求，那么你可以想各种办法去添加精准的用户为好友，比如，你可以去知乎、小红书、抖音等各个平台引流，将流量导入微信。最后，你还要分析一下你的引流文章写得是否足够好，比如阅读量多少、引流的环节是否过长等，然后再去改善。

Q：您提到可以将自己获得的一些奖项发布在朋友圈，就算是获得了某些奖项，一般来说每个人也只能评选一次，这也就意味着只能在朋友圈宣传一次，我没有那么多奖项可以发朋友圈，怎么办？

A：你可以把奖项的照片做成朋友圈的背景图或者头像，将其作为你的社交名片；给你颁奖的机构有什么新闻或者组织了什么活动，你都可以转发，比如，我之前转发了"胡润 U30"征集活动的推文，配文是"又是一年，有需要的可以找我推荐"，这样就是站在别人的角度想问题了，既可以帮助他人进行推荐，也间接告诉大家：我曾经入选了"胡润 U30"。

Q：我的粉丝的付费意识比较差，如何改善这种情况呢？

A： 首先，你可以多发几条朋友圈，告诉粉丝你提供的是付费服务，你的时间和精力有限，只有收费才能更好地服务大家。其次，你可以多参加一些付费的分享活动，这样有利于你筛选精准用户。因为这些用户本身就是你在付费活动中引流来的，他们本身就有付费能力和付费意识。

Q：在知乎上，应该选择什么样的问题来回答呢？

A： 你要选择和你的专业相关的热点问题来回答。知乎有明显的长尾效应，很多朋友两年前回答的答案，现在还在持续引流。知乎的算法简单来说就是，**回答问题后，系统会将你的答案小范围推送给需要的人，有了更多的互动后会再推荐给更多的人**。只要你的答案足够好，就一定会被足够多的人看见。

Q：我打算开办读书训练营，主攻理财领域，但是我刚开始做，没有什么经验，担心用户不买账，怎么办？

A： 不要只是打算，先开始干起来吧。你现在的目的不是挣钱，而是跑通自己的商业模式。你可以先发朋友圈进行预热，让大家知道你要做这件事，然后看是否有人愿意为你付费。训练营的周期可以设置得短一点，比如第一期做7天，**先小范围形成闭环**，然后再扩大规模。人不能什么都不想，会没有战略；但也不能想太多，容易眼高手低。

Q：我主攻的领域是心理疗愈，应该如何吸引用户来购买我的课程呢？

A：你需要用通俗的语言把专业的内容讲出来，让用户听明白。

Q：我在视频号发布的作品的数据时高时低，应该如何改进呢？

A：你可以做一下整体的复盘，看看这些作品的选题、标题、内容等方面有什么差别。另外，作品的数据和发布时间也有关系。

Q：相比写书，我不是很喜欢讲课和运营社群，怎么办？

A：人需要找到自己喜欢的做事方式，不要强求自己去做不喜欢的事情，这样才能做到更好。我就是表演型人格，我喜欢收到别人的正向反馈。讲课是让我感觉很爽的一件事情，因为我能够及时收到大家的反馈。

Q：如何做用户运营？

A：给潜在用户打上标签，然后分组管理。比如，有人发朋友圈夸了我的书，我就会给他备注是读者粉丝。

Q：如何让人愿意为我付费？

A：告诉用户你能给他们提供他们需要的东西，让用户看到你在进步。

Q：我做的是英语教育，想做科普类账号，但是不知道怎么去做，科普类账号能不能做起来？

A：先别想这么多，先看看有没有做起来的同类账号。如果有，思考一下对方做对了什么，你有没有足够的人力、资源投入去做；如果没有，那就不做，不用自己去盲目试错，不要走弯路。